LETTRES
C H O I S I E S
DE MADAME LA MARQUISE
DE SEVIGNÉ
A M A D A M E
DE GRIGNAN
S A F I L L E.

Qui contiennent beaucoup de par-
ticularitez de l'Histoire de
Loüis XIV.

M. D CC. XXV.

LETTRES

CHOISIES

De Madame la Marquise de Sevigné à Madame de Grignan sa fille, qui contiennent beaucoup de particularités de l'histoire de Louis XIV.

Lettre de Madame de Grignan à M. de Grignan. 1670.

SI ma bonne fanté peut vous confoler de n'avoir qu'une fille, je ne vous demanderai point pardon de ne vous avoir pas donné un fils; je fuis hors de tout péril, & ne fonge qu'à vous aller trouver. Ma mere vous dira le refte.

Lettres de Madame de Sevigné à Madame de Grignan. Vendredi 13. Mars 1671.

ME voici à la joye de mon cœur toute feule dans ma chambre à vous écrire paifiblement; rien ne m'eft fi agréable que cet état. J'ai diné aujourd'hui chez Madame de Lavardin après avoir été en

A 2

Bourdalouë, où étoient les Meres de l'E-
glise ; c'est ainsi que j'appelle les Princesses de Conty & de Longueville. Tout
ce qui étoit au monde étoit à ce Sermon,
& ce Sermon étoit digne de tout ce qui
l'écoutoit. J'ai songé vingt fois à vous,
& vous ai souhaité autant de fois auprès
de moi. Vous auriez été ravie de l'entendre, & moi encore plus ravie de vous le
voir entendre. M. de la Rochefoucault
a reçû très plaisamment chez Madame de
Lavardin le compliment que vous lui
faites. On a fort parlé de vous. M. d'Am-
bre y étoit avec sa Cousine de Brissac ; il
a paru s'interesser beaucoup à votre pré-
tendu naufrage. On a parlé de votre har-
diesse. M. de la R. F. a dit que vous aviez
voulu paroître brave dans l'espérance que
quelque charitable personne vous en em-
pêcheroit, & que n'en ayant point trouvé, vous aviez dû être dans le même
embaras que Scaramouche. Nous avons
été voir à la Foire une grande diablesse de
femme plus grande que Riberpré de toute
la tête, elle accoucha l'autre jour de deux
gros enfans qui vinrent de front les bras
aux côtez, c'est une grande femme tout
à fait. J'ai été faire des complimens pour
vous à l'Hôtel de Ramboüillet, on vous
en rend mille. Madame de Montausier est
au désespoir de ne vous pouvoir voir.
J'ai été chez Madame du Puy du Fou.
J'ai été pour la troisiéme fois chez Madame de Maillanes. Je me fais rire moi-même observant le plaisir que j'ai de faire

toutes ces chofes. Au reste fi vous croyez
les filles de la Reine enragées, vous croi-
rez bien, il y a huit jours, que Madame
du Lude, Coetlogon, & la petite de Rouvroy, furent morduës d'une petite chienne
apartenant à Teobon : cette petite chienne
est morte enragée, de forte que du Lude,
Coetlogon, & Rouvroy font parties ce
matin pour aller à Diépe, & fe faire jetter
trois fois dans la mer, ce voyage eft trifte ;
Benferade en étoit au défefpoir. Teobon
n'a pas voulu y aller quoiqu'elle ait été
mordillée ; la Reine ne veut pas qu'elle la
ferve, qu'on ne fçache ce qui arrivera de
toute cette avanture. Né trouvez-vous
point, ma bonne, que du Lude reffemble
à Andromede, pour moi je la vois attachée au rocher, & Treville fur un Cheval ailé qui tuë le monftre. *Ah ! fefu Ma-*
tame te Grignan, l'étranfe fofe t'être fettée
toute nuë tant la mer. En voici une à mon
fens encore plus étrange, c'eft de coucher
demain avec M. de Vantadour, comme fera Mademoifelle d'Houdancourt, je crain-
drois plus ce monftre que celui d'Andromede, *Contra il qual non vale l'elmo, ne fcu-*
do. Voilà bien des lanternes, & je ne fçai
rien de vous ; vous croyez que je devine
ce que vous faites, mais j'y prens trop
d'interêt & à votre fanté & à l'état de votre efprit pour n'en fçavoir que ce que j'en
imagine. Les moindres circonftances font
chéres de ceux qu'on aime parfaitement
autant qu'elles font ennuieufes des autres ;
nous l'avons dit mille fois & cela eft vrai.

La Veauvineux vous fait cent complimens, sa fille a été bien malade. Mademoiselle d'Arpajou l'a été aussi, nommez-moi tout cela à votre loisir avec Madame de Verneüil. Voilà une lettre de M. de Condom qu'il m'a envoyée avec un billet fort joli ; votre frere entre sous les loix de Ninon, je doute qu'elles lui soient bonnes ; il y a des esprits à qui elles ne valent rien, elle avoit gâté son pere, il faut le recommander à Dieu ; quand on est chrétienne ou du moins qu'on le veut être, on ne peut voir ces déréglemens sans chagrin. Ah Bourdalouë, quelles divines vérités nous avez vous dites aujourd'hui sur la mort ; Madame de la Fayette y étoit pour la premiere fois de sa vie, elle étoit transportée d'admiration, elle est ravie de votre souvenir & vous embrasse de tout son cœur ; je lui ai donné une belle copie de votre portrait, il pare sa chambre où vous n'êtes jamais oubliée. Si vous êtes encore de l'humeur que vous étiez à sainte Marie, & que vous gardiez mes lettres, voyez si vous n'avez pas reçû celle du 18. Février. A dieu, ma très aimable bonne, vous dirai-je que je vous aime c'est se moquer d'en être encore là ; cependant comme je suis ravie quand vous m'assurez de votre tendresse, je vous assure de la mienne, afin de vous donner de la joie si vous êtes de mon humeur, & ce Grignan mérite-t'il que je lui dise un mot.

Je crois que M. d'Acqueville vous mande toutes les nouvelles, pour moi je n'en

sçais point, je serois toute propre à vous
dire que M. le Chancelier a pris un lave-
ment.

Je vis hier une chose chez Mademoiselle qui me fit plaisir. La Gêvres arrive
belle, charmante, & de bonne grace. Mde.
d'Arpajou étoit au dessus de moi, je pense
qu'elle s'attendoit que je lui dusse offrir
ma place. Ma foi je lui devois une incivi-
lité de l'autre jour, je lui payai comptant,
& ne balançai pas. Mademoiselle étoit au
lit, elle a donc été contrainte de se mettre au dessous de l'estrade, cela est fâ-
cheux. On apporte à boire à Mademoiselle,
il faut donner la serviette : je vois Madame de Gêvres qui dégante sa main mai-
gre, je pousse Madame d'Arpajou, elle
m'entend & se dégante & d'une très bonne grace avance un pas, coupe la Gêvres & prend & donne la serviette; la Gêvres en a toute la honte & en demeure fort
penaude, elle étoit montée sur l'estrade,
elle avoit ôté ses gands, & tout cela pour
voir donner la serviette de plus près par
Madame d'Arpajou.

Ma bonne, je suis méchante, cela m'a
réjoüi, c'est bien employé. A t'on jamais
vû accourir pour ôter à Madame d'Arpajou qui est dans la ruelle, un petit honneur
qui lui vient tout naturellement. La Pui-
sieux s'en est épanoüi la rate : Mademoiselle n'osoit lever les yeux, & moi j'a-
vois une mine qui ne valoit rien. Après
cela on a dit cent mille biens de vous, &
Mademoiselle m'a commandé de vous

dire qu'elle étoit fort aise que vous ne fussiez point noyée, & que vous fussiez en bonne santé.

Nous fûmes chez Madame Colbert qui me demanda de vos nouvelles, voilà de terribles bagatelles, mais je ne sçai rien, vous voyez que je ne suis plus devote. Helas ! J'aurois bien besoin de matines & de la solitude de Livry, si est-ce que je vous donnerai ces deux livres de la Fontaine, quand vous devriez être en colere, il y a des endroits jolis & d'autres ennuyeux. On ne veut jamais se contenter d'avoir bien fait, & en voulant mieux faire on fait mal.

Vendredi au soir 24. Avril 1671.

JE fais donc ici mon paquet, j'avois dessein de vous conter que le Roi arriva hier au soir à Chantilli, il courut un Cerf au clair de la lune ; les lanternes firent des merveilles, le feu d'artifice fut un peu éfacé par la clarté de notre amie : mais enfin le soir le souper, le jeu, tout alla à merveille. Le tems qu'il a fait aujourd'hui nous faisoit espérer une suite digne d'un aussi agréable commencement, mais voici ce que j'aprens en entrant ici, dont je ne puis me remettre, & qui fait que je ne sçai plus ce que je vous mande. C'est qu'enfin Vatel, ce grand Vatel, maître d'Hôtel de M. Fouquet, qui l'étoit présentement de M. le Prince, cet homme d'une capacité distinguée, dont la bonne tête étoit capable de contenir tout le foin d'un état, cet homme donc que je connoiſſois, voyant à huit heures ce matin que la marée n'étoit point arrivée, n'a pû ſoûtenir l'affront qu'il a vû qui l'alloit accabler, & en un mot il s'eſt poignardé. Vous pouvez penſer l'horrible déſordre qu'un ſi terrible acccident a cauſé dans cette fête. Songez que la marée eſt peut-être arrivée comme il expiroit. Je n'en ſcai point davantage préſentement. Je penſe que vous trouvez que c'eſt aſſez. Je ne doute pas que la confuſion n'ait été grande, c'eſt une choſe fâcheuſe à une fête de cinquante mille écus.

M. de Ménars épouſe Mademoiſelle de la Grange Neuville. Je ne ſçai comme j'ai le courage de vous parler d'autre choſe que de Varel.

Dimanche 26. Avril 1671.

IL eſt Dimanche 26. Avril, cette lettre ne partira que Mécredi ; mais ce n'eſt pas une lettre, c'eſt une relation que vient de me faire Moreüil à votre intention de ce qui s'eſt paſſé à Chantilli touchant Vatel. Je vous écrivis Vendredi qu'il s'étoit poignardé. Voici l'affaire en détail. Le Roi arriva le Jeudi au ſoir, cela eſt faux, cela eſt faux ; la promenade, la colation dans un lieu tapiſſé de jonquilles, tout cela fut à ſouhait. On ſoupa. Il y eut quelques tables où le rôti manqua à cauſe de pluſieurs dinez à quoi l'on ne s'étoit point attendu. Cela faifit Vatel. Il dit plufieurs fois, je fuis perdu d'honneur, voici un affront que je ne fuporterai pas ; il dit à Gourville, la tête me tourne, il y a douze nuits que je n'ai dormi, aidez-moi à donner des ordres. Gourville le foulagea en ce qu'il put. Le rôti qui avoit manqué non pas à la table du Roi, mais aux vingt-cinquiémes, lui revenoit toûjours à la tête.

Gourville le dit à M. le Prince. M. le Prince alla jufques dans fa chambre, & lui dit, Vatel, tout va bien, rien n'étoit fi beau que le fouper du Roi. Il lui répondit, Monfeigneur, votre bonté m'acheve. Je fçai que le rôt a manqué à deux tables. Point du tout, dit M. le Prince, ne vous fâchez point, tout va bien. La nuit vint, le feu d'artifice ne réuffit pas, il fut couvert d'un nuage, il coûtoit feize mille francs. A quatre heures du matin Vatel s'en va par tout, il trouve tout endormi, il rencontre un petit pourvoyeur qui lui aportoit feulement deux charges de marée. Il lui demande, eft-ce là tout? Il lui dit, oüi, Monfieur. Il ne fçavoit pas que Vatel avoit envoyé à tous les ports de mer. Il attend quelque tems. Les autres Pourvoyeurs ne vinrent point : la tête s'échaufoit, il crut qu'il n'auroit point d'autre marée. Il trouva Gourville, il lui dit, Monfieur, je ne furvivrai point à cet afront ici. Gourville fe mocqûa de lui. Vatel monte à fa chambre, met fon épée contre fa porte, & fe la paffe au travers du cœur, mais ce ne fut qu'au troifiéme coup, car il s'en

donna deux qui n'étoient pas mortels ; il
tomba mort. La marée cependant arrive
de tous côtez. On cherche Vatel pour la
distribuer, on va à sa chambre, on heurte,
on enfonce la porte, on le trouve noyé
dans son sang, on court à M. le Prince
qui fut au désespoir.

M. le Duc pleura. C'étoit sur Vatel
que tournoit tout son voyage de Bourgo-
gne. M. le Prince le dit au Roi fort triste-
ment ; on dit que c'étoit à force d'avoir
de l'honneur en sa maniere. On loüa, &
l'on blâma son courage. Le Roi dit qu'il
y avoit cinq ans qu'il retardoit de venir à
Chantilli, parce qu'il comprenoit l'excès
de cet embaras. Il dit à M. le Prince qu'il
ne devoit avoir que deux tables, & ne
point se charger de tout ; il jura qu'il ne
souffriroit plus que M. le Prince en usât
ainsi ; mais c'étoit trop tard pour le pauvre Vatel. Cependant Gourville tâche de
réparer la perte de Vatel. Elle le fut. On
dina très bien. On fit colation. On soupa.
On se promena. On joüa. On fut à la chas-
se. Tout étoit parfumé de jonquilles, tout
étoit enchanté. Hier qui étoit Samedi on
fit encore de même, & le Roi alla à Lien-
court, où il avoit commandé *media noce*.
Il y doit demeurer aujourd'hui. Voilà ce
que Moreüil m'a dit pour vous mander.
Je jette mon bonnet par dessus les mou-
lins, & je ne sçai rien du reste. M. d'A-
gueville qui étoit à tout cela, vous fera
des relations sans doute ; mais comme son
écriture n'est pas si lisible que la mienne,

j'écris toûjours. Voilà bien des détails :
mais parce que je les aimerois en pareille
occafion, je vous les mande.

IL y a tous les foirs des Bals, des Come-
dies & des Mafcarades à S. Germain.
Le Koi a une aplication à divertir Madame.... qu'il n'a jamais eu pour l'autre.
Racine a fait une Comedie qui s'apelle
Bajafet, & qui enleve la paille. Vraiement
elle ne va pas en _empirando_ comme les autres. M. de Talard dit qu'elle eft autant au
deffus de celles de Corneille, que celles de
Corneille font au deffus de celles de Boyer:
voilà ce qui s'apelle bien loüer, il ne faut
point tenir les véritez cachées. Nous en ju-
gerons par nos yeux, & par nos oreilles.
Du bruit de Bajafet mon ame importunée fait
que je veux aller à la Comedie. J'ai été à
Livry. Helas! ma bonne, que je vous ai
bien tenu parole, & que j'ai fongé tendre-
ment à vous. Il y faifoit très chaud, qnoi-
que très froid, mais le Soleil brilloit; tous
les arbres étoient parés de perles, & de
criftaux. Cette diverfité ne déplaît point.
Je me promenai fort. Je fus le lendemain
diner à Pomponne. Quel moyen de vous
redire ce qui fut dit en cinq heures, je ne
m'y ennuyai point. M. de Pomponne fera
ici dans quatre jours. Ce feroit un grand
chagrin pour moi, fi jamais j'étois obli-
gée à lui aller parler pour vos affaires de
Provence. Tout de bon il ne m'écouteroit

pas. Vous voyez que je fais un peu l'entenduë, mais ma foi, ma bonne, rien n'eft égal à M. Dufez, c'eft ce qui s'apelle les groffes cordes. Je n'ai jamais vû un homme ni d'un meilleur efprit, ni d'un meilleur confeil. Je l'attens pour vous parler de ce qu'il aura fait à S. Germain. Vous me priez de vous écrire doublement de grandes lettres. Je penfe, ma bonne, que vous devez en être contente. Je fuis quelquefois épouvantée de leur immenfité. Ce font toutes vos flateries qui me donnent cette confiance. Je vous prie, ma bonne, de vous bien conferver dans ce bien-heureux état, & ne paffez point d'une extremité à l'autre. De bonne foi prenez du tems pour vous rétablir, & ne tentez point Dieu par vos.... Madame de Briffac a une très bonne provifion pour fon hyver, c'eft-à-dire, M. de Longueville & le Comte de Guiche, mais en tout bien & en tout honneur; ce n'eft feulement que pour le plaifir d'être adorée. On ne voit plus la Maran chez Madame de la Fayette, ni chez M. de la R. F. Nous ne fçavons ce qu'elle fait, nous en jugeons quelquefois un peu témerairement. Elle avoit eu la fantaifie d'être violée, elle vouloit être violée abfolument, vous fçavez ces fortes de folies, pour moi je croi qu'elle nela fera jamais. Quelle folie! Mon Dieu qu'il y a long-tems que je la vois comme vous la voyez préfentement. Il ne tient pas à moi que je ne voye Madame de Valavoir. Il eft vrai qu'il n'eft point befoin de

me dire, va-la-voir, c'eſt aſſez qu'elle
vous aime pour me la faire courir, mais
elle court après quelque autre ; car j'ai
beau la prier de m'attendre , je ne puis
parvenir à ce bonheur. C'eſt à M. le Grand
qu'il faudroit donner votre turlupinade;
elle eſt des meilleures. Châtillon nous en
donne tous les jours ici des plus méchantes du monde.

A Paris , Mécredi 34. Décembre 1671.

JE vous écris un peu de proviſion , ma
bonne , parce que je veux cauſer avec
vous un moment. Après que j'eus fermé
mon paquet le jour que j'arrivai, le petit
Dubois m'apporta celui que je croyois
égaré , vous pouvez penſer avec quelle
joye je le reçûs. Je n'y pus faire réponſe,
parce que Madame de la Fayette, Madame de S. Geran, Madame de Villars me
vinrent embraſſer. Vous ſçavez tous les
étonnemens que doit donner un malheur
comme celui de M. de Lauſun. Toutes vos
réflexions ſont juſtes & naturelles. Tous
ceux qui ont de l'eſprit , les ont faites.
Mais on commence à n'y plus penſer.
Voici un bon païs pour oublier les malheureux. On a ſçu qu'il avoit fait ſon
voyage dans un ſi grand déſeſpoir , qu'on
ne le quitoit pas d'un moment; on le voulut faire décendre de Caroſſe àun endroit
dangereux, il répondit, *ces malheurs là ne*
ſont pas faits pour moi. Il dit qu'il eſt inno-
cent à l'égard du Roi , mais que ſon cri-

me eſt d'avoir des ennemis trop puiſſans.
Le Roi n'a rien dit, & ce ſilence déclare
aſſez la qualité de ſon crime. Il crut qu'on
le laiſſeroit à Pierre-enciſe, & commen-
çoit à Lyon à faire ſes complimens à M.
d'Artagnan, mais quand il ſçut qu'on le
menoit à Pignerol, il ſoupira, & dit, je
ſuis perdu. On avoit grand grand pitié de
ſa diſgrace dans les villes où il paſſoit :
pour vous dire le vrai, elle eſt extréme.
Le Roi envoya querir le lendemain M.
de Marſillac, & lui dit, je vous donne
le Gouvernement de Berri qu'avoit Lauſun. Marſillac répondit, Sire, que Votre
Majeſté qui ſçait mieux les régles de l'honneur que perſonne du monde, ſe ſouvienne,
s'il lui plaît, que je n'étois pas ami de M.
de Lauſun; qu'elle ait la bonté de ſe mettre
un moment à ma place, & qu'elle juge ſi
je dois accepter la grace qu'elle me fait.
Vous êtes, dit le Roi, trop ſcrupuleux,
M. le Prince, j'en ſçai autant qu'un autre
là deſſus, mais vous n'en devez faire aucune difficulté. Sire, puiſque Votre Majeſté l'approuve, je me jette à ſes pieds
pour la remercier. Mais, dit le Roi, je
vous ai donné une penſion de douze mille francs en attendant que vous ayez quelque choſe de mieux. Oüi, Sire, je la re-
mets entre vos mains ; & moi, dit le
Roi, je vous la redonne encore une fois,
& je m'en vais vous faire honneur de vos
beaux ſentimens. En diſant cela, il ſe
tourna vers les Miniſtres, leur conta les
les ſcrupules de M. de Marſillac, & dit,

J'admire la difference ; jamais Lausun n'a-voit daigné me remercier du Gouverne-ment de Berry, & n'en avoit pas pris les provisions, & voilà un homme comblé de reconnoissance. Tout ceci est extréme-ment vrai. M. de la R. F. me le vient de conter. J'ai cru que vous ne haïriez pas ces détails ; si je me trompois, ma bonne, mandez-le moi. Le pauvre hom-me est très mal de sa goute, & bien pis que les autres années. Il m'a bien parlé de vous, il vous aime toûjours comme sa fille. Le Prince de Marsillac m'est venu voir, & l'on me parle toûjours de ma chere enfant. J'ai enfin pris courage. J'ai causé deux heures avec M. de Coulan-ges. Je ne puis le quitter, c'est un grand bonheur que le hazard m'ait fait loger chez lui. Je ne sçai si vous aurez sçu que Villarceaux parlant au Roi d'une Charge pour son fils, prit habilement l'occasion de lui dire qu'il y avoit des gens qui se mêloient de dire à sa niéce, que Sa Ma-jesté avoit quelque dessein pour elle ; que si cela étoit, il le supplioit de se servir de lui ; que l'affaire seroit mieux entre ses mains que dans celles des autres ; qu'il s'y emploiroit avec succès. Le Roi se mit à rire, & dit : Villarceau, nous sommes trop vieux vous & moi pour attaquer des Demoiselles de quinze ans, & comme un galand homme, se mocqua de lui, & con-ta ce discours chez les Dames. Les Anges sont enragés, & ne veulent plus voir leur oncle qui de son côté est un peu honteux.

Il n'y a nul chiffre à tout ceci ; mais je trouve que le Roi fait par tout un si bon personnage qu'il n'est nul besoin de tant de mystere. On a trouvé, dit-on, mille belles merveilles dans les cassetes de M. de Lausun, des portraits sans compte & sans nombre, dix nuditez, une sans tête, une autre les yeux crevés, c'est votre voisine, des cheveux grands & petits, des étiquetes pour éviter la confusion ; à un, *Grison d'une telle* ; à l'autre, *Mouton de la mere* ; à l'autre, *Blondin pris en bon lieu* ; ainsi mille gentillesses ; mais je n'en voudrois pas jurer, car vous sçavez comme on invente dans ces occasions.

A Paris, ce 6. Janvier 1672.

LE Roi donna hier 4. Janvier, audience à l'Ambassadeur de Hollande. Il voulut que M. le Prince, M. de Turenne, M. de Boüillon, M. de Crequi fussent témoins de ce qui se passeroit. L'Ambassadeur présenta sa lettre au Roi qui ne la lut pas, quoique le Hollandois proposât d'en faire la lecture. Le Roi lui dit qu'il sçavoit ce qu'il y avoit dans la lettre, & qu'il en avoit une copie dans sa poche. L'Ambassadeur s'étendit fort au long sur les justifications qui étoient dans sa lettre, & que Messieurs les Etats s'étoient examinés scrupuleusement pour voir ce qu'ils avoient pû faire qui déplût à Sa Majesté ; qu'ils n'avoient jamais manqué de respect, & que cependant ils entendoient dire que

B

tout ce grand armement n'étoit fait que
pour fondre fur eux ; qu'ils étoient prêts
de fatisfaire Sa Majefté dans tout ce qu'il
plairoit ordonner , & qu'ils le fupplioient
de fe fouvenir des bontez que les Rois fes
Prédeceffeurs avoient euës pour eux , auf-
quels ils devoient toute leur grandeur. Le
Roi prit la parole, & avec une majefté &
une grace merveilleufe , dit qu'il fçavoit
qu'on excitoit fes ennemis contre lui,
qu'il avoit cru qu'il étoit de fa prudence
de ne pas fe laiffer furprendre , & que c'eft
ce qui l'avoit obligé à fe rendre fi puiffant
fur la mer & fur la terre , afin qu'il fût
en état de fe défendre ; qu'il lui reftoit
encore quelques ordres à donner , & qu'au
Printems il feroit ce qu'il trouveroit le
plus avantageux pour fa gloire , & pour
le bien de fon Etat ; & fit un figne de tête
à l'Ambaffadeur , qui lui fit comprendre
qu'il ne vouloit pas de réplique. La lettre
s'eft trouvée conforme au difcours de
l'Ambaffadeur , hormi qu'elle finiffoit par
affûrer Sa Majefté qu'ils feroient tout ce
qu'elle ordonneroit , pourvû qu'il ne leur
en coûtât point de fe broüiller avec leurs
Alliez.

Le même jour M. de la Feüillade fut
reçû à la tête du Régiment des Gardes ,
& prêta le ferment entre les mains d'un
Maréchal de France , comme c'eft la cou-
tume ; & le Roi étoit préfent , qui dit lui-
même au Régiment , qu'il lui donnoit M.
de la Feüillade pour Meftre de Camp , &
lui mit la pique à la main , chofe qui ne

fe fait jamais que par le Commiffaire de
la part du Roi ; mais Sa Majefté a voulu que nulle faveur , ni nul agréément ne
manquât à cette céremonie.

M. d'Angeau & d'Anglée ont eu de groffes paroles à la ruë des Jacobins, fur un
payement de l'argent du jeu. D'Angeau
menaça. D'Anglée repouffa l'injure par
lui dire qu'il ne fe fouvenoit pas qu'il
étoit d'Angeau , & qu'il n'étoit pas fur le
pied dans le monde d'un homme redou-
table. On les accommoda. Ils ont tous
deux tort , & les reproches furent vio-
lens & peu agréables pour l'un & pour
l'autre. L'Anglée eft fier & familier au
poffible. Il joüoit cet été avec le Comte
de Grammont ; en joüant au Berlan, le
Comte lui dit fur quelque maniere un
peu libre , M. de l'Anglée , gardez ces fa-
miliaritez-là pour quand vous joüerez
avec le Roi.

Le Marêchal de Bellefont a demandé
permiffion au Roi de vendre fa charge ;
jamais perfonne ne la fera fi bien que lui.
Tout le monde croit , & moi plus que
les autres, que c'eft pour payer fes det-
tes , pour fe retirer & fonger uniquement
à l'affaire de fon falut. M. le Procureur
Géneral de la Cour des Aides eft premier
Préfident de la même Compagnie. Ce
changement eft grand pour lui ; ne manquez pas de lui écrire. Le Préfident Ni-
colaï eft remis dans fa charge. Voilà donc
ce qui s'appelle les nouvelles.

Paris, Vendredi au soir 15. Janvier 1672.

JE vous ai écrit ce matin, ma bonne, par le Courier qui vous porte toutes les douceurs, & tous les agréémens du monde pour vos affaires de Provence; mais je veux vous écrire encore ce soir, afin qu'il ne soit pas dit que la poste arrive sans vous apporter de mes lettres. Tout de bon, ma chere fille, je croi que vous les aimez, vous me le dites; pourquoi voudriez-vous me tromper, en vous trompant vous-même? Mais si par hazard cela n'étoit pas, vous seriez à plaindre de l'accablement où je vous mettrois par l'abondance des miennes; les vôtres font ma félicité. Je ne vous ai point répondu sur votre belle ame; c'est Langlade qui dit *la belle ame* pour badiner; mais de bonne foi vous l'avez trop belle. Ce n'est peut-être pas de ces ames du premier ordre, comme *chose*, ce Romain qui retourna chez les Cartaginois pour tenir sa parole, où il fut pis que martyrisé; mais au dessous, ma bonne, vous pouvez vous vanter d'être du premier rang. Je vous trouve si parfaite & dans une si grande réputation, que je ne sçai que vous dire sinon de vous admirer, & de vous prier de soutenir toûjours votre raison par votre courage, & votre courage par votre raison; & de prendre du Chocolat, afin que les plus méchantes compagnies vous paroissent bonnes. La Comedie de Racine m'a

paru belle , nous y avons été. Ma belle-
fille la Chammelai * m'a paru la plus mi-
raculeusement bonne Comedienne que
j'aye jamais vûe. Elle surpasse la Desœil-
lets de cent mille piques ; & moi qu'on
croit assez bonne pour le Théatre , je ne
suis pas digne d'allumer les chandelles ,
quand elle paroît. Elle est laide de près ,
mais quand elle dit des vers , elle est admirable. Bajazet est beau ; j'y trouve quelque embaras sur la fin ; mais il y a bien
de la passion , & de la passion moins fol-
que celle de Berenice. Je trouve pourtant
à mon petit sens qu'elle ne surpasse pas
Andromaque ; & pour les belles Come-
dies de Corneille , elles sont autant au
dessus, que votre idée au dessous de....
Appliquez & ressouvenez-vous de cette
folie , & croyez que jamais rien n'appro-
chera des divins endroits de Corneille. Il
nous lut l'autre jour une Comedie chez
M. de la Rochefoucault , qui fait souvenir de sa défunte Reine.

Paris , 5. Fevrier 1672.

IL y a aujourd'hui mille ans que je suis
née. Je suis ravie , ma chere fille , que
vous aimiez mes lettres : je ne croi pas
pourtant qu'elles soient si agréables que
vous le dites , mais il est vrai que pour froi-
des elles ne le sont pas. Notre bon Cardinal

* L'Abbé de Grignan entretenoit alors la Chammelai.

de Rets eſt dans la ſolitude, ſon départ m'a donné de la triſteſſe ; mais croyez, ma très chere, que rien ne peut être comparé aux douleurs de votre départ. Je vous envoye quatre rames de papier, vous ſçavez à quelle condition ; j'eſpere en revoir la plus grande partie entre ici & Pâques, après cela j'aſpirerai à d'autres plaiſirs. J'oubliai avant hier à vous mander que j'avois rencontré Canaples à Notre-Dame, qui me dit après mille amitiez pour M. de Grignan, que le Maréchal de Villeroi lui avoit dit que les lettres de M. de Grignan étoient admirées dans le Conſeil, qu'on les liſoit avec plaiſir, & que le Roi avoit dit qu'il n'en a jamais vû de mieux écrites. Je lui promis de vous le mander.

Madame la Princeſſe de Conty mourut à huit heures, après que j'eus fermé mon paquet le dernier ordinaire, ſans aucune connoiſſance. La déſolation qui fut dans ſa chambre en ce dernier moment, ne ſe peut exprimer. M. le Duc, Meſſieurs les Princes de Conti, Madame de Longueville, Madame de Gamache pleuroient de tout leur cœur. La Guenegaut avoit pris le parti des évanouiſſemens ; la Briſſac les hauts cris, & de ſe jetter par la place, il fallut la chaſſer, parce qu'on ne ſçavoit ce qu'on faiſoit. Ces deux perſonnes n'ont pas réuſſi. Qui prouve trop ne prouve rien, dit je ne ſçai qui. Enfin la douleur eſt univerſelle. Le Roi en a paru touché, & a fait ſon panégyrique, qu'elle étoit plus considerable par sa vertu, que par la grandeur de sa fortune. Elle laisse l'éducation de ses enfans à Mademoiselle de Longueville : ainsi voilà le Diable pris pour dupe, s'il croyoit reprendre ces deux petits Princes. Les voilà retournés en bonne main. M. le Prince est tuteur. Il y a vingt mille écus aux pauvres, autant à ses domestiques. Elle veut être enterrée à la Paroisse tout simplement comme la moindre femme. Je ne sçai si ce détail est à propos. Tant y a, ma bonne, le voilà. Vous voulez que mes lettres soient longues, voilà le hazard que vous courez. Je vis hier sur son lit cette sainte Princesse. Elle étoit défigurée par les martyres qu'on lui a faits à la bouche. On lui avoit rompu deux dens & brulé la tête, c'est-à-dire que si on ne mouroit point de l'apoplexie, on seroit à plaindre dans l'état où l'on met les pauvres patiens. Il y a de belles réflexions à faire sur cette mort cruelle pour tout autre, mais très heureuse pour elle qui ne l'a point sentie, & qui étoit toûjours préparée. Adieu, ma bonne, je vous baise avec la derniere tendresse. Il me semble que la vie ne m'est pas plus nécessaire, ni plus chere que votre amitié. J'embrasse la politique Grignan. M. de la R. F. vous mande qu'il y a une souris blanche qui est aussi belle que vous, c'est la plus jolie bête du monde, elle est dans une cage. Voilà Madame de Coulanges qui veut que je vous dise & ceci & cela & de l'amitié ; mais je ne suis pas à ses gages.

Paris, 12. Février 1672.

JE ne puis, ma bonne, que je ne sois en
peine de vous, quand je songe au dé-
plaisir que vous aurez de la mort du Chevalier ; vous l'avez vû depuis peu , c'é-
toit assez pour l'aimer beaucoup, & con-
noître encore plus les bonnes qualités que
Dieu avoit mises en lui. Il est vrai que jamais homme n'a été mieux né, ni en des
sentimens plus droits & plus souhaita-
bles, avec une très belle phisionomie &
une très grande tendresse pour vous ; tout
cela le rendoit infiniment aimable & pour
vous, & pour tout le monde. Je com-
prens bien aisément votre douleur , plus
je la sens en moi. Cependant, ma bonne,
j'entreprens de vous amuser un quart
d'heure & par des choses que vous avez
interêt de sçavoir, & par le récit de ce qui
se passe dans le monde. J'ai eu une grande
conversation avec M. le Camus. Il vous
aime , & vous honore ; il est instruit à la
perfection. L'Evêque n'a qu'à s'y frotter.
Il entre si parfaitement bien dans vos sentimens, qu'il me donne des conseils, &
je sçaurai par lui les manieres de l'Evêque. Il est piqué des conduites mal hon-
nêtes ; & comme il en a des contraires,
il n'a pas de peine à entrer dans nos interêts, où la droiture & la sincerité sont en
usage. C'est dont il ne faut point se dépar-
tir, quoiqu'il arrive. Cette mode revient
toûjours ;

toûjours. On ne trompe gueres long-tems
le monde ; & les fourbes font enfin dé-
couverts. J'en fuis perfuadée. M. de Pomponne n'eft pas moins oppofé à ce qui lui
y eft contraire ; & je puis vous affurer
que fi j'étois auffi habile fur toutes chofes, que je le fuis pour difcourir la deffus,
il ne manqueroit rien à ma capacité. Di-
tes-moi quelquefois quelque chofe d'a-
gréable pour M. le Camus. Ce font des
faveurs précieufes pour lui & d'autant
plus qu'il n'eft obligé à aucune réponfe.
Le Marquis de Villeroi eft donc parti
pour Lyon, comme je vous l'ai mandé.
Le Roi lui fit dire par le Marêchal de
Crequi qu'il s'éloignât. On croit que c'eft
pour quelques difcours chez Madame la
Comteffe. *Enfin on parle d'Eaux de Tibre,
& l'on fe tait du refte.* Le Roi demanda à
Monfieur qui revenoit de Paris : hé bien
mon frere, que dit-on à Paris ? Monfieur
lui dit : on parle fort de ce pauvre Marquis. Et qu'en dit-on ? On dit qu'il a
voulu parler pour un autre malheureux.
Et quel malheureux, dit le Roi ? Pour le
Chevalier de Lorraine, dit Monfieur.
Mais, dit le Roi, y fongez-vous encore
à ce Chevalier de Lorraine ? Vous en fou-
ciez-vous ? Aimeriez-vous bien quelqu'un
qui vous le rendroit ? En vérité répondit
Monfieur, ce feroit le plus fenfible plaifir que je puffe recevoir en ma vie. O
bien, dit le Roi, je veux vous faire ce
préfent. Il y a deux jours que le Courier
eft parti, il reviendra, je vous le redonne.

C

& veux que vous m'ayez toute votre vie
cette obligation, & que vous l'aimiez
pour l'amour de moi. Je fais plus, car je
le fais Meſtre de Camp dans mon Armée. Là deſſus Monſieur ſe jetta aux
pieds du Roi, & lui embraſſa long-tems
les genoux, & lui baiſa une main avec
une joye ſans égale. Le Roi le releva, &
lui dit, mon frère, ce n'eſt pas ainſi que
des frères ſe doivent embraſſer, & l'embraſſa fraternellement. Tout ce détail eſt
de très bon lieu, & rien n'eſt plus vrai.
Vous pouvez là deſſus faire vos réflexions,
tirer vos conſéquences & redoubler vos
belles paſſions pour le ſervice du Roi votre Maître. On dit que Madame fera le
voyage, & que pluſieurs Dames l'accom-
pagneront. Les ſentimens ſont divers chez
Monſieur. Les uns ont le viſage alongé d'un
demi pied, & d'autres l'ont racourci d'autant. On dit que celui du Chevalier de
Beuvron eſt infini. M. de Noailles revient
auſſi, & ſervira de Lieutenant Général
dans l'Armée de Monſieur, avec M. de
Schomberg. Le Roi dit au Maréchal de
Villeroi, il falloit cette petite pénitence à
votre fils, mais les peines de ce monde
ne ſont pas infinies. Vous pouvez vous
aſſurer que tout ceci eſt vrai ; c'eſt mon
averſion que les faux détails, mais j'aime
les vrais, ſi vous n'êtes pas de mon goût,
ma bonne, vous êtes perduë, car en
voici d'infinis.

Mai 1672.

MA bonne, il faut que je vous conte une radoterie que je ne puis éviter. Je fus hier à un Service de M. le Chancelier Seguier à l'Oratoire. Ce font les Peintres, les Sculpteurs, les Musiciens & les Orateurs qui en ont fait la dépense, en un mot les quatre Arts liberaux. C'étoit la plus belle décoration qu'on puisse imaginer. Le Brun avoit fait le dessein. Le mausolée touchoit à la voûte, orné de mille lumieres & de plusieurs figures convenables à celui qu'on vouloit loüer. Quatre Squeletes en bas étoient chargés des marques de sa dignité comme lui ayant ôté les honneurs avec la vie. L'une portoit son Mortier, l'autre sa couronne de Duc, l'autre son Ordre, l'autre ses Masses de Chancelier. Les quatre Arts étoient éplorez & défolez d'avoir perdu leur Protecteur. La Peinture, la Musique, l'Eloquence & la Sculpture. Quatre vertus soûtenoient la premiere représentation, la force, la justice, la tempérance & la réligion. Quatre Anges & quatre Genies recevoient au dessus cette belle ame. Le mausolée étoit encore orné de plusieurs Anges qui soutenoient une Chapelle ardente qui tenoit à la voûte. Jamais il ne s'est rien vû de si magnifique, ni de si bien imaginé. C'est le Chef-d'œuvre de le Brun. Toute l'Eglise étoit parée de tableaux, de devises, d'emblêmes qui avoient raport aux Ar-

C 2

mes ou à la vie du Chancelier. Plusieurs
actions principales y étoient peintes. Madame de Verneüil vouloit acheter toute
cette décoration un prix excessif. Ils ont
tous en corps résolu d'en parer un galerie
& de laisser cette marque de leur reconnoissance & de leur magnificence à l'éter-
nité. L'Assemblée étoit grande & belle,
mais sans confusion. J'étois auprès de M.
de Tulles, de M. Colbert, & il est venu
un jeune Frére de l'Oratoire pour faire
l'Oraison Funébre. J'ai dit à M. de Tulles
de le faire descendre & de monter à sa
place, & que rien ne pouvoit soutenir la
beauté du spectacle & la perfection de la
musique, que la force de son éloquence.
Ma bonne, ce jeune homme a commencé
en tremblant. Tout le monde trembloit
aussi. Il a débuté par un accent Proven-
çal. Il est de Marseille. Il s'apelle Lainé.
Mais en sortant de son trouble, il est entré
dans un chemin lumineux. Il a si bien
établi son discours, il a donné au défunt
des loüanges si mesurées, il a passé par
tous les endroits délicats avec tant d'a-
dresse, il a si bien mis dans son jour tout
ce qui pouvoit être admiré, il a fait des
traits d'éloquence & des coups de maître
si à propos & de si bonne grace, que tout
le monde, je dis tout le monde sans ex-
ception, s'en est écrié, & chacun étoit char-
mé d'une action si parfaite & si achevée.
C'est un homme de 28. ans, intime ami de
M. de Tulles qui s'en va avec lui. Nous le
voulions nommer le Chevalier Mascaron,

mais je crois qu'il furpaffera fon ainé
Pour la mufique c'eft une chofe qu'on ne
peut expliquer. Batifte avoit fait un éfort
de toute la mufique du Roi. Ce beau *Mi-*
ferere y étoit encore augmenté. Il y eu un
Libera où tous les yeux étoient pleins de
larmes. Je ne crois point qu'il y ait une
autre mufique dans le Ciel. Il y avoit
beaucoup de Prélats. J'ai dit à Guillant,
cherchons un peu notre ami Marfeille.
Nous ne l'avons point vû. Je lui ai dit
tout bas, fi c'étoit l'Oraifon Funébre de
quelqu'un qui fût vivant, il n'y manqueroit pas. Cette folie l'a fait rire fans aucun
refpect de la Pompe Funébre. Ma bonne,
quelle efpéce de lettre eft-ce ceci, je penfe que je fuis folle. A quoi peut fervir une
fi grande narration ? Vrayement j'ai bien
contenté le defir que j'avois de conter.

Paris, 17. Juin 1672.

AUffi-tôt que j'ai eu envoyé mon paquet, j'ai apris, ma bonne, une trifte
nouvelle dont je ne vous dirai pas le détail parce que je ne le fçai pas; mais je
fçai qu'au paffage de l'Iffel fous les ordres de M. le Prince, M. de Longueville a
été tué. Cette nouvelle accable. Nous
étions chez Madame de la Fayette avec
M. de la Rochefoucault, quand on nous
l'a aprife, & en même tems la bleffure de
M. de Marfillac, & la mort du Chevalier
de Marfillac qui eft mort énfin de fa bleffure. Cette grêle eft tombée fur lui en ma

préfence. Il a été très vivement affligé.
Ses larmes ont coulé du fond du cœur,
& fa fermeté l'a empêché d'éclater. Après
ces nouvelles, je ne me fuis pas donné la
patience de rien demander. J'ai couru chez
Madame de Pomponne qui m'a fait fouvenir que mon fils eft dans l'armée du
Roi, laquelle n'a eu nulle part à l'action.
Elle étoit réfervée à M. le Prince qui a
paffé trois ou quatre fois la riviere dans
un petit bateau tout paifiblement, don-
nant fes ordres par tout avec cette valeur
divine que vous connoiffez, & tout blef-
fé qu'il étoit à la main. On dit Guitry,
Nogent noyez ; Meffieurs de la Feüillade & Roquelaure bleffez, & quantité
d'autres qu'on ne fçait pas encore. M. de
Longueville avoit forcé la barriere : il a
été le premier tué fur le champ. La bleffure de M. de Marfillac eft un coup de
Moufquet dans l'épaule & dans la ma-
choire qui n'offenfe pas l'os. Après cette
premiere difficulté on ne trouve plus
d'ennemis. Ils font retirés dans leurs pla-
ces. Adieu, ma chere enfant, j'ai l'efprit un
peu hors de fa place ; quoique mon fils
foit dans l'armée du Roi, il y aura tant
d'occafions, que cela fait trembler &
mourir.

Paris 29. *Juin* 1672.

IL m'eft impoffible de me réprefenter
l'état où vous avez été, ma bonne,
fans une éxtréme émotion ; & quoique
je fçache que vous en êtes quitte, Dieu

merci, je ne puis tourner les yeux sur le passé sans une horreur qui me trouble. Helas ! Que j'étois mal instruite d'une santé qui m'est si chere ! Qui m'eût dit ce tems-là, votre fille est plus en danger que si elle étoit à l'armée : helas ! j'étois bien loin de le croire, ma pauvre bonne. Faut-il que je trouve cette tristesse avec tant d'autres qui se trouvent présentement dans mon cœur. Le péril extréme où se trouve mon fils, la guerre qui s'échauffe tous les jours, les couriers qui n'apportent plus que la mort de quelqu'un de nos amis ou de nos connoissances, & qui peuvent apporter pis, la crainte qu'on a des mauvaises nouvelles, & la curiosité qu'on a de les apprendre, la désolation de ceux qui sont outrés de douleur, avec qui je passe une partie de ma vie, avec l'inconcevable état de ma tante, l'envie que j'ai de vous voir, tout cela me déchire & me tuë, & me fait mener une vie si contraire à mon humeur & à mon tempéramment, qu'en vérité il faut que j'aye une bonne santé pour y résister. Vous n'avez jamais vû Paris comme il est. Tout le monde pleure, ou craint de pleurer. L'esprit tourne à la pauvre Madame de Nogent. Madame de Longueville fait fendre le cœur, à ce qu'on dit. Je ne l'ai point vûë, mais voici ce que je sçai. Madame de Vertus étoit retournée depuis deux jours au Port-Royal où elle est presque toûjours. On est allé la querir avec M. Arnaud pour dire cette terrible nou-

velle. Mademoiselle de Vertus n'avoit qu'à
se montrer. Ce retour si précipité mar-
quoit bien quelque chose de funeste. En
effet dès qu'elle parut, ah! Mademoiselle, comme se porte Monsieur mon frere? Sa pensée n'osa aller plus loin. Madame, il se porte bien de sa blessure. Il y
a eu un combat. Et mon fils? On ne lui
répondit rien. Ah! Mademoiselle, mon
fils, mon cher enfant, répondez-moi,
est-il mort sur le champ? N'at'il pas eu
un seul moment? Ah! mon Dieu, quel sacrifice? Et là-dessus elle tombe sur son lit,
& tout ce que la plus vive douleur put
faire & par des convulsions, & par des
évanoüissemens, & par un silence mor-
tel, & par des cris étouffez, & par des
larmes ameres, & par des élans vers le
ciel, & par des plaintes tendres & pitoïa-
bles, elle a tout éprouvé. Elle voit cer-
taines gens. Elle prend des boüillons,
parce que Dieu le veut. Elle n'a aucun repos. Sa santé déja très mauvaise est visi-
blement altérée. Pour moi je lui souhaite
la mort, ne comprenant pas qu'elle puisse vivre après une telle perte. Il y a un
homme * dans le monde qui n'est guéres
moins touché. J'ai dans la tête que s'ils
s'étoient rencontrés tous deux dans ces
premiers momens, & qu'il n'y eût eu que

_____

* Cet homme étoit M le Duc de la Rochefou-
caut, qui avoit aimé longt-tems Madame de
Longueville, & à qui le jeune Longueville res-
sembloit infiniment.

le chat avec eux, je croi que tous les autres sentimens auroient fait place à des
cris & à des larmes qu'on auroit redou-
blé de bon cœur; c'est une vision. Mais
enfin quelle affliction ne montre point notre grosse Marquise d'Uxelles sur le pied
de la bonne amitié. Ses maîtresses nes'en
contraignent pas. Toute sa pauvre mai-
son & son Ecuyer qui vint hier, ne paroît
pas un homme raisonnable. Cette mort
efface les autres. Un courier d'hier au soir
apporte la mort du Comte du Plessis qui
faisoit faire un pont. Un coup de canon
l'a emporté. On assiége Arnheim. On n'a
pas attaqué le Fort de Keing, parce qu'il
y a huit mille hommes dedans. Ah! que
ces beaux commencemens seront suivis
d'une fin tragique pour bien des gens!
Dieu conserve mon pauvre fils. Il n'a pas
été de ce passage. S'il y avoit quelque
chose de bon à un tel métier, ce seroit
d'être attaché à une charge comme il est.
Au milieu de nos chagrins la descrip-
tion que vous me faites de Madame Do-
lonne & de sa sœur, est une chose divine.
Elle réveille malgré qu'on en ait; c'est
une peinture admirable. La Comtesse de
Soissons & Madame de Boüillon sont en
furie contre ces folles, & disent qu'il les
faut enfermer. Elles se déclarent fort contre cette extravagante folie. On ne croit
pas aussi que le Roi veüille fâcher M. le
Connêtable qui est assûrément le plu
grand Seigneur de Rome. En attendan
nous la verrons arriver comme Madam

de l'Etoîle. La comparaiſon eſt admira
rable. Voilà des relations, il n'y en a pa
de meilleures. Vous verrez dans toutes
que M. de Longueville eſt cauſe de ſa
mort & de celle des autres, & que M.
le Prince a été pere uniquement dans cette occaſion, & point du tout Géneral
d'armée. Je diſois hier, & l'on m'approu-
va, que ſi la guerre continuë, M. le Duc
ſera la cauſe de la mort de M. le Prince.
Son amour pour lui paſſe toute autre paſſion. La Maran eſt abîmée. Elle dit qu'elle voit bien qu'on lui cache les nouvelles,
& qu'avec M. de Longueville, M. le Prince & M. le Duc ſont mêlés auſſi, &
qu'au nom de Dieu on ne l'épargne point;
qu'auſſi-bien elle eſt dans un état qu'il
eſt inutile de la ménager. Si on pouvoit
rire, on riroit. Helas ! Si elle ſçavoit
combien on ſonge peu à lui cacher quelque choſe, & combien chacun eſt occupé de ſes douleurs & de ſes craintes, elle
ne croiroit pas qu'on eût tant d'applica-
tion à la tromper. Mon Dieu, ma bonne, j'ai oublié de vous dire que votre M.
de Laurens vous apporte un petit paquet
que je vous donne, mais c'eſt de ſi bon
cœur, & il me ſemble qu'il eſt ſi bien
choiſi, que ſi vous penſez me venir faire
des prônes & des diſcours & des refus,
vous me fâcherez, & vous me déconte-
nancerez au dernier point. Les nouvelles
que je vous mande ſont d'original, c'eſt
de Gourville qui étoit avec Madame de
Longueville quand elle a reçû la nouvelle,

Tous les couriers viennent droit à lui. M.
de Longueville avoit fait son testament
avant que de partir. Il laisse une grande
partie de son bien à un fils qu'il a, qui à
mon avis paroîtra sous le nom de Chevalier d'Orleans. Sçavez-vous où l'on
mit le corps de M. de Longueville ?
Sous le même batteau où il avoit
passé tout vivant. Deux heures après
M. le Prince le fit mettre près de lui,
couvert d'un manteau, dans une
douleur sensible. Il étoit blessé aussi,
& plusieurs autres; de sorte que le retour
est la plus triste chose du monde. Ils sont
dans une ville au deça du Rhin qu'ils
ont passé pour se faire panser. On dit que
le Chevalier de Monchevreüil qui étoit à
M. de Longueville, ne veut pas qu'on le
panse d'une blessure qu'il a eüe auprès de
lui. J'ai reçu une lettre de mon fils. Il n'é-
toit pas à cette premiere expédition,
mais il sera d'une autre. Peut-on trouver
quelque sûreté dans un tel métier ? Il est
sensiblement touché de M. de Longueville. Je vous conseille d'écrire à M. de la
R. F. sur la mort de son Chevalier, &
sur la blessure de M. de Marsillac. J'ai vû
son cœur à découvert dans cette cruelle
avanture. Il est au premier rang de ce
que j'ai jamais vû de courage, de mérite, de tendresse & de raison. Je compte pour rien son esprit & son agrément.
Je ne m'amuserai point aujourd'hui à vous
dire combien je vous aime. J'embrasse
M. de Grignan & le Coadjuteur, & je
suis.

Mécredi 29. *Novembre* 1673.

IL faut commencer, ma très bonne, par la mort du Comte de Guiche, voilà de quoi il est question présentement. Ce pauvre garçon est mort de maladie & de langueur dans l'armée de M. de Turenne. La nouvelle en vint mardi matin. Le Pere Bourdaloüe l'a annoncée au Maréchal de Grammont qui s'en douta sçachant l'extrémité de son fils. Il fit sortir tout le monde de sa chambre. Il étoit dans un petit appartement qu'il au dehors des Capucines. Quand il fut seul avec ce Pere, il se jetta à son col, lui disant qu'il devinoit bien ce qu'il avoit à lui dire, que c'étoit le coup de sa mort, qu'il la recevoit de la main de Dieu ; qu'il perdoit le seul & véritable objet de toute sa tendresse & de toute son inclination naturelle ; que jamais il n'avoit eu de sensible joye ou de violente douleur que par ce fils qui avoit des choses admirables. Il se jetta sur un lit n'en pouvant plus, mais sans pleurer. Le Pere pleuroit, & n'avoit encore rien dit ; enfin il lui parla de Dieu comme vous sçavez qu'il en parle. Ils furent six heures ensemble, & puis le Pere pour lui faire faire ce sacrifice entier, le mena à l'Eglise de ces bonnes Capucines, où l'on disoit Vigiles pour ce fils. Il y entra en tombant, en tremblant, plûtôt traîné & poussé que sur ses jambes.

Son vifage n'étoit plus connoiffable. M.
le Duc le vit en cet état, & en nous le
contant chez M. de la Fayette, il pleuroit. Le pauvre Marêchal revint enfin
dans fa petite chambre. Il eft comme un
homme condamné. Le Roi lui a écrit.
Perfonne ne le voit. Mademoifelle de
Monaco eft entierement inconfolable,
on ne la voit point. La Louvigni l'eft
auffi, mais c'eft par la raifon qu'elle n'eft
point affligée. N'admirez-vous point le
bonheur de cette créature ? La voilà dans
un moment Ducheffe de Grammont. La
Chancelliere eft tranfportée de joye. La
Comteffe de Guiche fait fort bien, &
pleure quand on lui conte les honnête-
tez & les excufes que fon mari lui a faites en mourant, & dit : Il étoit aimable ;
je l'aurois aimé paffiõnément, s'il m'a-
voit un peu aimée. J'ai fouffert fes mé-
pris avec douleur, fa mort me touche &
me fait pitié. J'efperois toûjours qu'il
changeroit de féntimens pour moi. Voilà
qui eft vrai. Il n'y a point là de Comédie. Madame de Verneüil en eft vérita-
blement touchée. Je crois qu'en me priant
de lui faire vos complimens, vous en ferez quitte. Vous n'avez donc qu'à écrire
à la Comteffe de Guiche & à la Monaco
& à la Louvigny. Pour le bon d'Acqueville, il a eu le paquet d'aller à Fraffé à
trente lieuës d'ici, annoncer cette nouvelle à la Marêchale de Grammont, &
lui porter une lettre de ce pauvre garçon.
Il a fait une grande amende honorable

de sa vie passée, s'en est repenti, en a demandé pardon publiquement. Il a fait demander pardon à Vardes, & lui a mandé mille choses qui pourront peut-être lui être bonnes. Enfin il a fort bien fini la Comédie, & laissé une riche & une heureuse veuve. La Chancelliere a été si pénetrée du peu ou du point de satisfaction, dit-elle, qu'elle a euë pendant ce mariage, qu'elle ne va songer qu'à réparer ce malheur ; & s'il se rencontroit un Roi d'Ethiopie, elle mettroit jusqu'à son patin pour lui donner sa petite-fille. Nous ne voyons point de mari pour elle. Vous allez nommer comme nous M. de Marsillac, elle ni lui ne veulent point l'un de l'autre. Les autres deux sont trop jeunes. M. de Foix est pour Mademoiselle de Roquelaure. Cherchez un peu de votre côté, car cela presse. Voilà un grand détail, ma chere petite, mais vous m'avez dit quelquefois que vous les aimiez.

Décembre 1673.

IL a y environ un an que nous soupâmes chez l'Archevêque, ma chere bonne ; vous soupez peut-être à l'heure qu'il est chez l'Intendant, vous n'y faites pas à mon avis débauche de sincerité. Tout ce que vous mandez sur cela à Corbinely & à moi, est admirable. Au reste, ma très chére, je ne corromps personne. La Garde & d'Acqueville sont incorruptibles. C'est la Garde qui m'avoit corrompu pour vous

parler de venir toute seule, tant il est per-
suadé qu'on a besoin de vous deux ou de
la moitié de vous deux pour vos affaires;
ainsi ne me grondez point. Ecoutez leurs
raisons. Conduisez-vous selon vos lumieres, & ne me consultez point. Voilà tout
ce que vous aurez de moi, avec une pro-
testation que vous faites tort à la Garde
de croire qu'il écoute aucune tendresse
quand il vous donne des conseils. Mon
ame vous remercie de la bonne opinion
que vous avez d'elle, de croire qu'elle
ait horreur des vilains procédez de l'Evêque. Vous ne vous êtes point trompée;
mais, ma bonne, vous me serrez le cœur,
quand vous me faites souvenir de ses deux
chambres remplies si differemment. La
vôtre m'a donné un souvenir triste de tous
ces noms. Je les souffrois avec vous, ma
bonne, & vous me dites mille tendresses
là dessus. Mais quand je songe que vous
y êtes sans moi, je n'en puis plus; je vous
y vois sans cesse, & sans cesse je vois vos
pensées; jugez des miennes. Vous seriez
surprise, ma bonne, si vous pouviez voir
clairement à quel excès & de quelle maniere vous m'êtes chere. Il ne faut point
apuyer sur cet endroit. M. de Grignan a
raison de dire que Mademoiselle de Tiange ne met plus de rouge & cache sa gor-
ge. Vous avez peine à la reconnoître avec
ce déguisement, mais il est vrai. Elle est
souvent avec Madame de Longueville, &
tout à fait dans le bel air de la dévotion;
mais elle est toûjours de très bonne con-

pagnie & n'eſt pas ſolitaire. J'étois auprès d'elle à ce dîner. Un Laïquais lui
préſenta un grand verr de vin de liqueur.
Elle me dit, Madame, ce garçon ne
ſçait pas que je ſuis devôte. Elle nous fit
rire. Elle parle fort naturellement de ſes
intentions & de ſon changement. Elle
prend garde à ce qu'elle dit du prochain,
& quand il lui échape quelque choſe, elle
s'arrête tout court. Pour moi je la trouve
plus aimable qu'elle n'étoit. On veut pa-
rier que la Princeſſe d'Harcourt ne ſera
pas devôte dans un an, à cette heure qu'elle
eſt Dame du Palais, & qu'elle remettra
du rouge, car ce rouge c'eſt la loi & les
prophétes; c'eſt ſur ce rouge que roule
tout le Chriſtianiſme. Pour la Ducheſſe
d'Aumont, ſa pente eſt d'enſevelir les
morts. On dit que ſur la frontiere la Ducheſſe de Charoſt les y tuoit avec des re-
medes mal compoſez, que l'autre les ve-
noit promptement enſevelir. La Maréchale d'Uxelles eſt très-bonne à entendre,
mais la Maran eſt plus que très-bonne.
J'ai rencontré Madame de Schombert qui
m'a dit ſérieuſement qu'elle étoit du premier ordre, & pour la retraite, & pour la
pénitence, n'étant d'aucune ſocieté, & re-
fuſant même les amuſemens de la devo-
tion. Enfin c'eſt ce qui s'apelle adorer Dieu
en eſprit & en vérité dans la ſimplicité de
la premiere Egliſe. Les Dames du Palais
ſont dans une grande ſujetion. Le Roi
s'en eſt expliqué, & veut que la Reine en
ſoit toûjours entourée. Madame de Riche-
lieu,

lieu, quoiqu'elle ne serve plus à table, est toûjours au diner de la Reine avec quatre Dames qui sont de garde tour à tour. La Comtesse d'Ayen est la sixiéme, elle a bien peur de cet attachement & d'aller tous les jours à Vêpres, au Sermon, ou au Salut, ainsi rien n'est pur en ce monde. Pour la Marquise de Castelnau elle est blanche & fraîche & consolée, & à ce qu'on dit n'a fait que changer d'apartement dont le premier étage est fort mal-content. Madame de Louvigny ne paroît point assez aise de sa bonne fortune. On ne sçauroit lui pardonner de n'adorer pas son mary comme au commencement : voilà la premiere fois que le public s'est scandalisé d'une pareille chose. Madame de Brissac est belle & sage, toûjours avec l'ombre de la Princesse de Conty. Elle est en arbitrage avec son pere, & ravit le cœur de ce pauvre M. d'Ormesson, qui dit qu'il n'a jamais vû une femme si honnête & si franche. La Coësquen est tout ainsi que vous l'avez vûë. Elle a fait faire une jupe de velour noir avec de grosses broderies d'or & d'argent, & un manteau de tissu or & argent. Cet habit coûte six mille écus ; & quand elle a été bien resplendissante, on l'a trouvée comme une Comedienne, & on s'est si bien mocqué d'elle, qu'elle n'ose plus le mettre. La Manicrosa est un peu fâchée de n'être point Dame du Palais. Madame de Duras se mocque d'elle, & ne veut point de cet honneur. La Troche est telle que

D

vous l'avez vûë, très paſſionnée pour tous
vos interêts ; mais je ne puis aſſez vous
dire de quelle maniere Madame de la
Fayette s'eſt miſe à rire devant nous, & pre-
nant la parole ſur tout , & blâmant l'Evêque & M. de R. F. & tout cela de ces
bons tons ſinceres que vous connoiſſez.
Je l'en aime encore plus que je ne faiſois ,
vous en devez faire de même. M. de Mar-
ſeille n'eſt pas réveré dans ces lieux où j'ai
un peu de voix en chapitre. Nous fûmes
voir M. de Turenne. Il a un peu la goute.
Nous fûmes reçûës Madame de la Fayette
& moi avec un excés de civilitez. Il parla extrémement de vous, Le Chevalier
Grignan lui a conté vos victoires. Il vous
auroit offert ſon épée , s'il en étoit encore
beſoin. Il croit partir dans trois jours.
Mon fils partit hier avec bien du chagrin.
Je n'en avois pas moins d'un voyage ſi
mal placé & ſi déſagréable par toute ſorte
de raiſons. M. de la Trouſſe ne s'en ira
que lundi. Corbinely eſt très ſouvent avec
moi. Il m'eſt bon par tout. Il vous adore. Vous écrivez parfaitement bien. J'ai
vû deux ou trois de vos lettres. Rien
n'eſt ſi délicieux. Votre ſtile s'eſt perfec-
tionné. C'eſt une de mes folies que d'aimer à le lire. Ne diriez - vous pas que je
n'en reçoive point ? Je ne crois pas qu'il ſe
ſoit jamais vû un commerce comme le
nôtre ; il n'eſt pas fort étrange que j'en
faſſe mon plaiſir, auſſi c'eſt ce qui ne ſe
voit guére, & c'eſt ce que je ſens déli-
cieuſement.

Février 1674.

ON ne parle point des nouvelles d'Angleterre. On juge par là qu'elles ne sont pas bonnes. On a fait un bal ou deux à Paris dans tout le carnaval. Il y a eu quelques masques, mais peu. La tristesse est grande. Les Assemblées de S. Germain sont des mortifications pour le Roi, & seulement pour marquer la cadence du carnaval. Le P. Bourdalouë fit un Sermon le jour de Notre-Dame, qui transporta tout le monde. Il étoit d'une force qu'il faisoit trembler les courtisans; & jamais un Prédicateur Evangélique n'a prêché si hautement & si généreusement les vérités Chrétiennes. Il étoit question de faire voir que toute Puissance doit être soumise à la loi, à l'exemple de notre Seigneur qui fut présenté au Temple. Enfin, ma bonne, cela fut poussé au point de la plus haute perfection, & certains endroits furent poussés comme les auroit poussé l'Apôtre S. Paul. L'Archevêque de Rheims revenoit hier fort vîte de S. Germain comme un tourbillon. S'il croit être grand Seigneur, ses gens le croyent encore plus que lui. Ils passoient au travers de Nanterre, tra, tra, tra, ils rencontrent un homme à cheval, gare, gare: ce pauvre homme se veut ranger, son cheval ne le veut pas; enfin le carosse & les six chevaux renversent cul par dessus tête le pauvre homme & le

cheval, & par deſſus & ſi bien par deſſus, que le caroſſe en fût verſé & renver-
ſé. En même tems l'homme & le cheval au lieu de s'amuſer à être roües, ſe
relevent miraculeuſement, & remontent
l'un ſur l'autre, & s'enfuïent & cou-
rent encore, pendant que les laquais
& le cocher de l'Archevêque même ſe
mettent à crier : Arrêtez, arrêtez le co-
quin, qu'on lui donne cent coups; & l'Archevêque en racontant ceci, diſoit : Si
j'avois tenu ce maraud-là, je lui aurois
rompu le bras, & coupé les oreilles.

Je dînai encore hier chez Gourville
avec Madame de Langeron, Madame
de la Fayette, Madame de Coulanges,
Gorbinely, l'Abbé Teſtu, Briole, Gourville, mon fils. Votre ſanté fut bûë mag-
nifiquement, & pris un jour pour nous
y donner à dîner. Adieu, ma très chere
& très aimable, je ne vous puis dire à
quel point je vous ſouhaite. Je vous quitte & laiſſe la plume à Mademoiſelle de
Mery & à Corbinely qui dort. Le Préſi-
dent ..... mourut hier d'une oppreſſion
ſans fiévre en vingt-quatre heures.

Paris, Vendredi 9. Août 1675.

VOilà donc, ma chere bonne, vos pauvres amis qui ont repaſſé le Rhin
fort heureuſement, fort à loiſir, & après
avoir battu les ennemis; c'eſt une gloire
bien complette pour M. de Lorges. Nous
avions tous bien envie que le Roi lui en

voyàt le bâton après une si belle action &
si utile, dont il a seul tout l'honneur. Il
y a eu un coup de canon dans le ventre
de son cheval. Sur un coup de canon la
providence avoit bien donné sa commis-
sion à celui-là aussi bien qu'aux autres.
Nous avons perdu Vaubrun & peut-être
Monlor frère du Prince d'Harcourt votre
cousin germain. La perte des ennemis à
été grande de leur aveu. Ils ont 4000.
hommes de tuez. Nous n'en avons perdu
que sept ou huit cens. Le Duc de Sault, le
Cehvalier de Grignan & leur Cavalerie se
sont distinguez, & les Anglois sur-tout
ont fait des choses romanesques, enfin
voilà un grand bonheur. On dit que Montecucully, après avoir envoyé témoigner
à M. de Lorges la douleur qu'il avoit de
la perte d'un si grand Capitaine, lui man-
da qu'il lui laisseroit repasser le Rhin, &
qu'il ne vouloit point exposer sa réputation à la rage d'une armée furieuse, & à
la valeur des jeunes François, à qui rien
ne peut résister dans leur premiere im-
pétuosité. En effet le combat n'a point
été général, & les troupes qui nous ont
attaqué, ont été défaites. M. de Lorges a
eu le commandement d'Alsace & 25000.
livres de pension qu'avoit Vaubrun. Ah!
Ce n'étoit pas cela qu'il vouloit. Notre
bon Cardinal a encore écrit au Pape, disant qu'on ne peut s'empêcher d'esperer
que quand Sa Sainteté aura vû les raisons
qui sont dans sa lettre, elle se rendra à
ses très humbles prières pour accepter la

démission de son chapeau, mais nous croyons que le Pape infaillible & qui ne fait rien d'inutile, ne lira pas seulement ses lettres. Parlons un peu de M. de Turenne, il y a long-tems que nous n'en avons parlé. N'admirez-vous point que nous nous trouvons heureux d'avoir repassé le Rhin, & que ce qui auroit été un dégoût s'il étoit au monde, nous paroît une prosperité, parce que nous ne l'avons plus? Voyez ce que c'est que la perte d'un seul homme. Ecoutez, je vous prie ma bonne, une chose qui me paroît belle, il me semble que je lis l'histoire Romaine. S. Hilaire Lieutenant Général de l'artillerie fit comme vous sçavez arrêter M. de Turenne qui avoit toûjours galopé, pour lui faire voir une batterie. C'étoit comme s'il eût dit, Monsieur, arrêtez-vous un peu, car c'est ici que vous devez être tué. Le coup de canon vient donc & emporte le bras de S. Hilaire qui montroit cette batterie, & tuë M. de Turenne. Le fils de S. Hilaire se jette à son pere, & se met à crier & à pleurer. Taisez-vous, enfant, lui dit, il, voyez M. de Turenne roide mort. Voilà ce qu'il faut pleurer éternellement, voilà ce qui est irréparable, & sans faire aucune attention sur lui, se met à crier & à pleurer cette grande perte. M. de la R. F. pleure lui-même en admirant la noblesse de ce sentiment. Le Gentilhomme de M. de Turenne qui étoit retourné & qui est revenu, dit qu'il a vû faire des actions héroïques au Chevalier

de Grignan. Il a été jufqu'à cinq fois à la
charge, & fa Cavalerie a fi bien repouffé
les ennemis, que ce fut cette vigueur extraordinaire qui décida du combat. Bouf-
flers a fort bien fait auffi, & le Duc de
Sault, & fur-tout Monfieur de Lorges qui
paru neveu du Héros en cette occafion.
Le Duc de Villeroi ne fe peut confoler de
M. de Turenne. Il écrit que la fortune ne
peut plus lui faire de mal, après lui
avoir fait celui de lui ôter le plaifir d'être
aimé & eftimé d'un tel homme. Il avoit
r'habillé à fes dépens tout un Régiment
Anglois, & l'on n'a trouvé dans fon
coffre que neuf mille livres.

A Paris 1675.

VOici une nouvelle de l'Europe qui
m'eft entrée dans la tête, je vais vous
la mander contre mon ordinaire. Vous
fçavez, ma bonne, que le Roi de Pologne
eft mort. Ce grand Marêchal mari de
Madame d'Arquien eft à la tête d'une armée contre les Turcs. Il a gagné une ba-
taille fi pleine & fi entiére qu'il eft de-
meuré quinze mille Turcs fur la place.
Cette victoire eft fi grande, qu'on ne doute
point qu'il ne foit nommé Roi, d'autant
plus qu'il eft à la tête d'une armée, & que
la fortune eft toûjours pour les gros ba-
taillons. Voilà une nouvelle qui m'a plû,
& j'ai jugé qu'elle vous plairoit auffi.

Paris, Vendredi 16. *Août* 1675.

JE voudrois mettre tout ce que vous m'écrivez de M. de Turenne dans une Oraison Funébre. Vrayement votre stile est d'une énergie & d'une beauté extraordinaire. Vous étiez dans les boufées d'éloquence que donne l'émotion de la douleur. Ne croyez point, ma bonne, que son souvenir soit fini ici quand votre lettre est arrivée. Ce fleuve qui entraîne tout, n'entraîne pas si-tôt une telle mémoire. Elle est consacrée à l'immortalité, & même dans le cœur d'une infinité de gens dont les sentimens sont fixes sur ce sujet. J'étois l'autre jour chez M. de la R. F. M. le Premier y vint, Madame de Lavardin, M. de Marsillac, Madame de la Fayette & moi. La conversation dura deux heures sur les divines qualitez de ce véritable Héros. Tous les yeux étoient baignez de larmes; & vous ne sçauriez croire comme la douleur de sa perte étoit profondément gravée dans les cœurs. Vous n'avez rien par dessus nous que le soulagement de soupirer tout haut, & d'écrire son panégyrique. Nous remarquions une chose, c'est que ce n'est pas à sa mort, qu'on admire la grandeur de son cœur, l'étenduë de ses lumieres, & l'élévation de son ame. Tout le monde en étoit plein pendant sa vie. Vous devez penser ce que fait sa perte, par dessus ce qu'on étoit déja. Enfin ma bonne, ne

croyez

croyez point que cette mort soit ici comme les autres. Vous faisiez trop d'honneur au Comte de Guiche ; mais pour l'un des deux Héros de ce siécle , vous pouvez en parler tant qu'il vous plaira sans croire que vous ayez une dose de douleur plus que les autres ; pour son ame , c'est encore un miracle qui vient de l'estime parfaite qu'on avoit pour lui. Il n'est pas tombé dans la tête d'aucun devot ; qu'il ne fût pas en bon état. On ne sçauroit comprendre que le mal & le péché pussent être dans son cœur. Sa conversion si sincere nous a paru comme un Batême. Chacun conte l'innocence de ses mœurs , la pureté de ses intentions , son humilité éloignée de toute sorte d'affectation , la solide gloire dont il étoit plein sans faste & sans ostentation , aimant la vertu pour elle-même, sans se soucier de l'approbation des hommes , une charité genereuse & chrétienne. Vous ai-je pas conté comme il r'habilla ce Regiment ? Il lui en coûta quatorze mille francs , & resta sans argent. Les Anglois ont dit à M. de Lorges qu'ils acheveroient de servir cette campagne pour le venger , mais qu'après cela ils se retireroient , ne pouvant obéir à d'autres qu'à M. de Turenne. Il y avoit de jeunes soldats qui s'impatientoient un peu dans des marais où ils étoient dans l'eau jusqu'au genou , & les vieux soldats leur disoient , quoi , vous vous plaignez ? On voit bien que vous ne connoissez pas M. de Turenne ; il est plus fâ-

ché que nous, quand nous sommes mal ;
il ne songe à l'heure qu'il est qu'à nous
tirer d'ici ; il veille, quand nous dormons :
c'est notre pere : on voit bien que vous
êtes bien jeunes ; & les rassuroient
ainsi. Tout ce que je vous mande
est vrai. Je ne me charge point de
fadaises dont on croit faire plaisir aux
gens éloignés, c'est abuser d'eux ; & je
choisis bien plus ce que je vous écris que
ce que je vous dirois, si vous étiez ici.
Je reviens à son ame. C'est donc une
chose à remarquer que nul devot ne s'est
avisé de douter que Dieu ne l'eût reçûë à
bras ouverts comme une des plus belles
& des meilleures qui soient jamais sor-
ties de lui. Méditez sur cette confiance
génerale de son salut, & vous trouverez
que c'est une espéce de miracle qui n'est
que pour lui. Enfin personne n'a osé douter de son repos éternel. Vous verrez dans
les nouvelles les effets de cette perte. Le
Roi a dit d'un certain homme dont vous
aimiez assez l'absence cet hiver, qu'il n'a-
voit ni cœur, ni esprit, rien que cela.
M. de Rohan avec une poignée de gens a
dissipé tous les mutins qui s'étoient attrou-
pés dans la Duché de Rohan. Les troupes sont à Nantes commandées par Fourbin, avec d'obéir à M. de Chaunes ; mais
comme M. de Chaunes est dans son Fort-
Loüis, Fourbin avance & commande
toûjours. Vous entendez bien ce que c'est
que ces sortes d'honneurs en idée que
l'on laisse sans actions à ceux qui com-

mandent. Mais M. de Lavardin avoit fait demander le commandement. Il a été à la tête d'un vieux Régiment, & préten-doit que cet honneur lui étoit dû, mais il n'a pas eu contentement. On dit que nos mutins demandent pardon. Je croi qu'on leur pardonnera moyennant quelques pendus. On a ôté M. de Chamillard qui étoit odieux à la Province, & l'on a donné pour Intendant de ces troupes M. de Marsillac qui est un fort honnête homme. Ce n'est plus ces désordres qui m'empêchent de partir, c'est autre chose que je ne veux pas quitter. Je n'ai pû même aller à Livry, quelque envie que j'en aye. Il faut prendre le tems comme il vient. On est assez aise d'être au milieu des nouvelles dans ces terribles tems. Ecoutez, je vous prie, encore un mot de M. de Turenne. Il avoit fait connoissance avec un berger qui sçavoit fort bien les chemins & les païs. Il alloit seul avec lui, & faisoit poster les troupes selon la connoissance que cet homme lui donnoit. Il aimoit ce berger, & le trouvoit d'un sens admirable; & disoit que le Colonel Bec étoit venu comme cela, & qu'il croyoit que ce berger feroit sa fortune comme lui. Quand il eut fait passer à loisir ses troupes, il se trouva content, & dit à M. de Roncy : Tout de bon, il me semble que cela n'est pas trop mal, & je croi que M. de Montecucully trouvera assez bien ce que l'on vient de faire. Il est vrai que c'étoit un chef-d'œuvre d'habileté. Mada-

me de Villars a vû encore une relation depuis le jour du combat, où l'on dit que
dans le paſſage du Rhin, le Chevalier de
Grignan fit encore des merveilles de valeur & de prudence. Il eſt impoſſible de
s'être plus diſtingué qu'il a fait. Dieu le
conſidere, car le courage de M. de Tû-
renne eſt paſſé à nos ennemis, ils ne trouvent rien d'impoſſible depuis la défaite
du Marêchal de Crequy. M. de la Feüillade a pris la poſte, & s'en eſt venu droit
à Verſailles où il ſurprit le Roi ; il lui dit,
Sire, les uns font venir leurs femmes,
c'eſt Rochefort ; les autres les viennent
voir; pour moi je viens voir une heure Votre Majeſté, & la remercier mille & mille
fois. Je ne verrai que Votre Majeſté, car
ce n'eſt qu'à elle que je dois tout. Il cau-
ſa aſſez long-tems, & puis prit congé, &
lui dit, Sire, je m'en vais, je vous ſup-
plie de faire mes complimens à la Reine,
à M. le Dauphin, à ma femme & à mes
enfans, & s'en alla remonter à cheval,
& en effet n'a vû ame vivante. Cette petite équipée a fort plû au Roi, il a racon-
té en riant comme il étoit chargé de complimens. Il n'y a qu'à être heureux, tout
réuſſit.

A Paris, 30. Août 1675.

JE prens la réſolution de partir le quatre
du mois prochain. Je vais droit à Orléans, j'y trouverai M. d'Haroüi, & nous
nous y embarquerons Dimanche après la
Meſſe. J'ai un grand regret à votre com-

merce qui va être tout déreglé, mais la
vie eft pleine de chofes qui bleffent le
cœur. Je reviens, ma bonne, du Service
de M. de Turenne à S. Denis. Madame
d'Elbeuf m'eft venu prendre, & le petit
Cardinal m'en a prié d'un ton à ne pouvoir le refufer. C'étoit une chofe bien trifte. Son corps étoit là au milieu de l'E-
glife. Il eft arrivé cette nuit avec une cé-
rémonie fi lugubre, que M. Boucherat
qui l'a reçû & qui l'a veillé, en a penfé
mourir de pleurer. Il n'y avoit que cette
famille défolée, & tous les Domeftiques
en deüil & en pleurs. On n'entendoit que
des foupirs & des gémiffemens. Il n'y
avoit d'amis que Meffieurs Boucherat,
de Harlay, de Barillon & M. de Meaux.
Madame d'Elbeuf a penfé crever de douleur. Sa vapeur s'y eft mêlée qui a fait un
grand éfet. Ca été une chofe trifte de voir
tous fes gardes debout, la pertuifane fur
l'épaule au tour de ce corps qu'ils ont fi
mal gardé, & à la fin de la Meffe porter
la bierre jufqu'à une Chapelle au deffus
du grand Autel où il eft en dépôt. Cette
tranflation a été touchante, & tout étoit
en pleurs, & plufieurs crioient fans pouvoir s'en empêcher. Enfin on a été dans
cette Chapelle. Madame d'Elbeuf a crié
les hauts cris. Il y avoit entre autre un
petit Page qui devenoit fontaine. Enfin
nous fommes revenus dîner triftement
chez le Cardinal de Boüillon qui a voulu nous avoir. Il m'a prié par pitié de re-
tourner ce foir à fix heures le prendre

pour le mener à Vincennes, & Madame d'Elbeuf. Ils m'ont fort parlé de vous. Le Cardinal dit qu'il vous écrira aujourd'hui. La lune nous conduira jufqu'où il lui plaira. Peut-être que j'irai demain paffer le foir à Livry, pour joüir de cette belle diane, & dire adieu à l'aimable Abbaye. L'Abbé y eft depuis trois jours. Il ne nous parle plus que de retraite. C'eft la grande mode. Que dites-vous du nom de M. le Prince qui a fait lever le fiége d'Hague-nau, comme il les fit fuir l'année paffée à Oudenarde? Je ne fçai nulle nouvelle de Fontainebleau : feulement qu'on y joüera quatre belles Comédies de Corneille, quatre de Racine & deux de Moliere.

Adieu, ma chére bonne, embraffez-moi, je vous en conjure, & ne me dites point que vous ne méritez pas mon ex-tréme tendreffe. Et pourquoi, ma bonne, ne l'a méritez-vous pas, s'il eft vrai que vous m'aimiez? Par quelqu'autre endroit en feriez vous indigne? Embraffez-moi encore, ma chére enfant, & foyez aife que je vous aime plus que moi-même, puif-que vous m'aimez un peu.

A Orléans, Mécredi 4. Septembre 1675.

IL eft certain que le Roi & ... fe font véri-tablement féparés, mais la douleur de la Demoifelle eft fréquente, & même jufques aux larmes, de voir à quel point l'ami s'en paffe bien. Il ne pleuroit que fa liber-té, & ce lieu de fûreté contre la Dame du

Château. Le reste par quelque raison que
ce puisse être, ne lui tenoit plus au cœur.
Il a retrouvé cette societé qui lui plaît : il
est gay & content de n'être plus dans le
trouble ; & l'on tremble que cela ne
veüille dire une diminution, & l'on pleure ; & si le contraire étoit, on pleureroit
& on trembleroit encore. Ainsi le repos
est chassé de cette place. Voilà sur quoi
vous pouvez faire vos réflexions, comme
sur une vérité. Je croi que vous m'entendez. Pour l'Angleterre Keroval n'a
été trompée sur rien. Elle avoit envie
d'être maîtresse du Roi. Elle l'est. Il couche quasi toutes les nuits avec elle à la
veuë de toute la Cour. Elle a un fils qui
vient d'être reconnu, à qui on a donné
deux Duchez. Elle amasse des trésors, &
se fait redouter & respecter de qui elle
peut ; mais elle n'avoit pas prévû de
trouver en son chemin une jeune Comé-
dienne dont le Roi est ensorcelé. Elle
n'a pas le pouvoir de l'en détacher un
moment. Il partage ses soins, son tems
& sa santé entre elles deux. La Comé-
dienne est aussi fiére que la Duchesse de
Portsmouth. Elle la morgue, elle lui fait
la grimace, elle l'attaque, & lui dérobe
souvent le Roi ; elle se vente de ses pré-
férences. Elle est jeune, folle, hardie,
débauchée & plaisante. Elle chante, elle
danse, & fait son métier de bonne foi.
Elle a un fils du Roi, & veut qu'il soit
reconnu. Voici son raisonnement. Cette
Duchesse, dit-elle, fait la personne de

qualité. Elle dit que tout est son parent
en France. Dès qu'il meurt quelque
Grand, elle prend le deüil. Eh bien, puis-
qu'elle est de si grande qualité, pourquoi
s'est-elle faite P.. Elle devroit mourir
de honte. Pour moi c'est mon métier. Je
ne me picque pas d'autre chose. Le Roi
m'entretient. Je ne suis qu'à lui présentement. Il m'a fait un fils. Je prétens qu'il
doit le reconnoître, & je suis assurée
qu'il le reconnoîtra, car il m'aime autant
que sa Porsmouth. Cette créature tient
le haut du pavé, & décontenance & em-
barasse extraordinairement la Duchesse.
Voilà de ces originaux qui me font plaisir. J'ai trouvé que d'Orléans je ne pou-
vois vous rien mander de meilleur, du
moins sont-ce des véritez. Je me porte
très bien, ma bonne. Je me trouve fort
bien d'être une substance qui pense, & qui
lit, sans cela notre bon Abbé m'amuse-
roit peu. Vous sçavez qu'il est occupé des
beaux yeux de sa cassette. Mais pendant
qu'il l'a regarde & la visite de tous côtés,
le Cardinal Comendon me tient une
très bonne compagnie.

Aux Rochers, Mécredi 16. Octobre 1675.

JE ne suis point entêtée, ma bonne, de
M. de Lavardin. Je le croi tel qu'il est.
Ses plaisanteries & ses manieres ne me
charment point du tout. Je le vois comme j'ai toûjours fait; mais je suis assez
juste pour rendre au vrai mérite ce qui

lui appartient, quoique je le trouve pêle
mêle avec des désagrémens. C'est à ses
bonnes qualitez que je me suis attachée,
& par bonheur je vous en avois parlé à
Paris ; car sans cela vous croiriez que
l'antousiasme d'une bonne réception m'auroit enyvrée. Enfin je souhaiterai toûjours à ceux que j'aimerai, plus de char-
mes ; mais je me contenterai qu'ils ayent
autant de vertus. C'est le moins lâche &
le moins bas courtisan que j'aie jamais vû.
Vous aimeriez bien son stile dans de certains endroits, vous qui parlez. Tant y a
ma bonne , voilà ma justification dont
vous ferez part au gros Abbé, si par hazard il avoit jamais mal au gras des jambes sur ce sujet. Vous aurez à présent vû
la Garde. J'en suis fort aise. Vous aurez
eu toutes vos hardes. Et cette musique
dans un de vos souliers vous aura bien...
Fi, vous devriez danser toute seule avec
ces souliers-là. M. d'Acqueville me dit
qu'une fois la semaine c'est assez écrire
pour des affaires, mais que ce n'est pas
assez pour son amitié, & qu'il augmen-
teroit plûtôt d'une lettre que d'en retran-
cher une. Vous jugez que puisque le ré-
gime que je lui avois ordonné, ne lui plaît
pas, je lâche la bride à toutes ses bontez,
& lui laisse la liberté de son écritoire.
Songez qu'il écrit de cette furie à tout ce
qui est hors de Paris , & voit tous les
jours tout ce qui y reste, & sont les d'Ac-
quevilles. Adressez-vous à eux, ma bonne, en toute confiance. Leurs bons cœurs

ſuffiſent à tout. Enfin je veux ôter de l'eſprit de le ménager. Je veux en uſer.
Auſſi bien ſi ce n'eſt moi qui le tuë, ce ſera
un autre. Il n'aime que ceux dont il eſt
accablé. Accablons-le donc ſans diſcré-
tion. Vous n'avez jamais vû, ma bonne,
ces bois dans la beauté où ils ſont. Madame de Tarante y fut hier tout le jour.
Il faiſoit un tems admirable. Elle me
parla fort de vous. Elle vous trouve bien
plus jolie que le petit ami. Sa fille eſt
malade. Elle en étoit triſte. Je la mis en
caroſſe au bout de la grande allée, &
comme elle me prioit fort de me retirer,
elle me dit, Madame, vous me prenez
pour une Allemande. Je lui dis, oüi Madame, aſſurément je vous prens pour une
Allemande, j'aurois plûtôt obéi à Madame votre belle-fille. Elle entendit cela
comme une Françoiſe. Il eſt vrai que ſa
naiſſance doit, ce me ſemble, donner une
doſe de reſpect à ceux qui ſçavent vivre.
Elle a un ſtile romaneſque dans ce qu'elle
conte, & je ſuis étonnée que cela déplaiſe
à ceux même qui aiment les Romans.
M. d'Acqueville de ſa propre main, car
ce n'eſt point dans ſon billet de nouvelles écrites par ſon Valet de Chambre,
me mande que M. de Chaunes avec les
troupes eſt arrivé à Rennes le Samedi
douze Octobre. Je l'ai remercié de ſes
ſoins, & je lui apprens que M. de Pomponne ſe fait peindre par Mignard. Mais
tout ceci entre nous, car ſçavez-vous
qu'il eſt délicat & blond… Sçavez-vous

que le premier Président de Provence a battu sa femme. J'aime le coup de plat d'épée, cela est brave & nouveau. On sçait bien qu'il les faut battre, disoit l'autre jour un païsan, mais le plat d'épée me réjoüit... Il est vrai que le bonheur des François surpasse toute croyance en tout païs. J'ai ajoûté ce remerciment à ma priere du soir. Ce sont les ennemis qui font toutes nos affaires. Ils se reculent quand ils voyent qu'ils nous pourroient embarasser. Je vous répons de la paix. Il me semble qu'elle est si nécessaire, que malgré la conduite de ceux qui ne la veulent pas, elle se fera toute seule. Adieu mon enfant, je vous aime de tout mon cœur, mais c'est au pied de la lettre, & sans en rien rabatre.

A Paris, Mécredi 29. Avril 1676.

IL faut commencer par vous dire que Condé fut pris d'assaut la nuit du Samedi au Dimanche. D'abord cette nouvelle fait battre le cœur. On croit avoir acheté cette victoire, point du tout, ma belle. Elle ne nous coûte que quelques soldats & pas un homme qui ait un nom ; voilà ce qui s'appelle un honheur complet. Laré fils de M. Lesnet, le même qui fut tué en Candie, ou son frére, est blessé considérablement. Vous voyez comme on se passe de vieux Héros. Madame de Brinvilliers n'est pas si aise que moi. Elle est en prison, elle se défend assez bien. Elle

demanda hier à joüer au Piquet, parce
qu'elle s'ennuyoit. On a trouvé fa confeffion. Elle nous apprend qu'à fept ans
elle avoit ceffé d'être fille, qu'elle avoit
continué fur le même ton, qu'elle avoit
empoifonné fon pere, fes freres, un de
fes enfans, & elle-même; mais ce n'eft
que pour effayer d'un contrepoifon. Me-
dée n'en avoit pas tant fait. Elle a reconnu que cette confeffion étoit de fon écriture, c'eft une grande fottife; mais qu'elle
avoit la fiévre chaude quand elle l'avoit
écrite; que c'étoit une frénefie, une ex-
travagance qui ne pouvoit pas être luë
férieufement. La Reine a été deux fois
aux Carmelites avec Madame de Montefpan. Cette derniere fe mit dans la tête de
faire une lotterie, Elle fit apporter tout ce
qui peut convenir à des Religieufes. Cela
fit un grand jeu dans la Communauté.
Elle caufa fort avec Sœur Loüife de la
miféricorde, elle lui demanda fi tout de
bon elle étoit auffi aife qu'on le difoit.
Non, dit-elle, je ne fuis point aife, mais
je fuis contente. Elle lui parla fort du
frere de Monfieur, & fi elle ne lui vouloit
rien mander, & ce qu'elle diroit pour
elle. L'autre d'un ton & d'un air tout aimable: tout ce que vous voudrez, Madame, tout ce que vous voudrez. Mettez
dans cela toute la grace, tout l'efprit, &
toute la modeftie que vous pourrez imaginer. Je vous dis ce fait fans aucune pa-
raphrafe. Vous me félicitez, dites-vous,
de ce que je trouverai à Vichy Madame

de Briſſac, & vous me demandez ce que j'en ferai. Je l'ai choiſie, ma bonne, pour m'aprendre dans la ſocieté la droiture & la ſincerité. Si j'avois eu l'autre jour mon fils, je vous aurois mandé la ſuperficielle converſation qu'elle attira dans cette chambre. Mon Dieu, ma bonne, vous croyez avoir pris médecine, vous êtes bien heureuſe. Je voudrois bien croire que j'ai été ſaignée. Ils diſent qu'il faut cette préparation avant que de prendre des eaux.

A M. de Grignan.

JE vous aſſûre, M. le Comte, que j'aimerois mille fois mieux la grace dont vous me parlez, que celle de Sa Majeſté. Je croi que vous êtes de mon avis, & que vous comprenez auſſi l'envie que j'ai de voir Madame votre femme ſans être le maître chez vous, comme le charbonnier. Je trouve que par un ſtile tout opoſé, vous l'êtes plus que tous les autres charbonniers du monde. Rien ne ſe préfére à vous en quelque état que l'on puiſſe être; mais ſoyez généreux, & quand on aura fait encore quelque tems la bonne femme, amenez la vous-même par la main faire la bonne fille: c'eſt ainſi qu'on s'acquitte de tous ſes devoirs, & le ſeul moyen de me redonner la vie. Mon Dieu, que vous êtes plaiſans vous autres, de parler encore de Cambray. Nous aurons pris une autre Ville, avant que vous ſçachiez la priſe de Condé. Que dites-vous

de notre bonheur qui fait venir notre ami
le Turc en Hongrie ? Voilà Corbinely
bien aife. Nous allons bien pantoufler.
Je reviens à vous, ma bonne, & vous
embraffe de tout mon cœur. Voilà M. de
Coulanges qui vous dira de quelle maniere Madame de Brinvilliers s'eft voulu
tuer.

Lettre de M. de Coulanges à Madame de
Grignan.

ELle s'étoit fichée un bâton, devinez
où : ce n'eft point dans l'œil, ce n'eft
point dans la bouche, ce n'eft point dans
l'oreille, ce n'eft point à la Turque ; devinez où, c'eft tant y a qu'elle étoit morte,
fi on n'étoit couru au fecours. Je fuis
très aife, Madame, que vous ayez agréé
les œuvres que je vous ai envoyées. J'ai
impatience d'aprendre le retour de M. de
Bandol pour fçavoir comme il aura reçû
le poëme de Tobie. Il aura été apparem-
ment affez habile homme pour vous en
faire part, fans bleffer cette belle ame
que vous venez de laver dans les eaux
falutaires du Jubilé. Madame votre mere
s'en va à Vichy, & je ne l'y fuivrai
point, parce que ma fanté eft un peu
meilleure depuis quelque tems. Je ne croi
pas même que j'aille à Lyon ; ainfi Madame la Comteffe, revenez à Paris, &
aportez y votre beau vifage, fi vous voulez que je vous baife. Je faluë M. de Grignan, & l'avertis qu'aujourd'hui M. de

Luſſan a gagné ſon procès, afin qu'il me remercie, s'il le trouve à propos.

Continuation de Madame de Sevigné.

Vrayement ce ſeroit une choſe déſa-gréable que Pomier fût convaincu d'avoir part à cette machine. Ma chere enfant, je ſuis toute à vous.

Paris , Juin 1676.

Monſieur de Louvois eſt parti, ma chere bonne, pour ſçavoir ce que les ennemis veulent dire. On dit qu'ils en veulent à Maſtric. M. le Prince ne le croit pas. Il a eu enfin de grandes conférences avec le Roi. On attend les couriers de Monſieur de Louvois. Monſieur de Luxembourg croit n'avoir autre choſe à faire que d'être ſpectateur de la priſe de Philisbourg. Dieu nous faſſe la grace de ne pas voir celle de Maſtric. Ce que dit le Prince, c'eſt que nous prendrons une autre place, & ce ſera piéce pour piéce. Il y avoit un fou le tems paſſé qui diſoit dans un cas pareil ; changez vos Villes de gré à gré, vous épargnerez vos hom-mes. Il y a bien de la ſageſſe à ce diſ-cours. Vous demandez ſi le Prince ne trouve pas bien plaiſant les victoires qu'on lui préſente. Oüi, je le trouve bien plaiſant. Je ſuis perſuadé que les Hollan-dois ſçavent regretter leur Héros. Ils ne ſçauront point en refaire d'autre. Ma

niéce de Buffi, c'eft-à-dire de Coligny eft
veuve. Son mari eft mort à l'armée de M.
de Schomberg. Cette affligée ne l'eft point
du tout. Elle dit qu'elle ne le connoiffoit
point, & qu'elle avoit toûjours fouhaité
d'être veuve. Il lui laiffe tout fon bien,
de forte que cette femme aura quinze ou
feize mille livres de rente. Elle eft groffe
de neuf mois. Voyez fi vous voulez écrire
un petit mot en faveur du Rabutinage.

Vous avez raifon de vous fier à Corbinely pour m'aimer, & pour avoir foin
de ma fanté. Il s'acquitte parfaitement de
l'un & de l'autre, & vous adore fur le
tout. Il eft vrai qu'il traite de petits fu-
jets fort aifez dans fes poëfies que je
vous ai envoyées, mais il prétend que
les anciens ont fait ainfi, parce que la cadence des vers donne plus d'attention.
Il a fait une épitre contre les joüeurs ex-
ceffifs. Elle fait revenir le cœur. Il a une
grande joye de vôtre retour. Vous lui
manquez à tout. Il eft en vérité fort amu-
fant, car toûjours il a quelque chofe dans
la tête. Villebrun m'avoit dit que fa pou-
dre reffucitoit les morts; il eft vrai qu'on
en a vû des effets merveilleux. On peut
juger de lui comme on veut, c'eft un
homme à facettes encore plus que les autres.

Paris 29. Juillet 1676.

Voici, ma bonne, un changement de
scéne qui vous paroîtra aussi agréable qu'à tout le monde. Je fus Samedi à
Versailles avec les Villars : voici comme cela va. Vous connoissez la toillete
de la Reine, la Messe, le dîner ; mais il
n'est plus besoin de se faire étouffer pendant que leurs Majestez sont à table : car
à trois heures le Roi, la Reine, Monsieur, Madame, Mademoiselle, tout ce
qu'il y a de Princes & Princesses, Madame de Montespan, toute sa suite, tous
les Courtisans, toutes les Dames, enfin
ce qui s'appelle la Cour de France, se
trouve dans ce bel appartement du Roi
que vous connoissez. Tout est meublé di-
vinement, tout est magnifique. On ne
sçait ce que c'est que d'y avoir chaud. On
passe d'un lieu à l'autre sans faire la presse en nul lieu. Un jeu de Reversis donne la forme & fixe tout. C'est le Roi, &
Madame de Montespan tient la carte.
Monsieur, la Reine & Madame de Sou-
bise, M. de d'Angeau & compagnie,
l'Anglée & compagnie, mille Loüis sont
répandus sur le tapis, il n'y a point d'autres jettons. Je voyois d'Angeau, & j'ad-
mirois combien nous sommes sots auprès
de lui. Il ne songe qu'à son affaire, & ga-
gne où les autres perdent. Il ne néglige
rien, il profite de tout, il n'est point dis-
trait ; en un mot sa bonne conduite dé-

F

fie la fortune. Il dit que je prenois part
à fon jeu, de forte que je fus affife très
agréablement & très commodément. Je
faluai le Roi comme vous me l'avez ap-
pris. Il me rendit mon falut comme fi
j'avois été jeune & belle. La Reine me
parla auffi long-tems de ma maladie,
que fi ç'eût été une couche. Elle me parla
auffi de vous. M. le Duc me fit mille de
ces careffes à quoi il ne penfe pas. Le
Maréchal de Lorges m'attaqua fous le
nom de Chevalier de Grignan. Enfin *tu-
ti quanti*, vous fçavez ce que c'eft que de
recevoir un mot de tout ce qu'on trouve en chemin. Madame de Montefpan
me parla de Bourbon, & me pria de lui
conter Vichi, & comme je m'en étois
trouvée. Elle dit que Bourbon, au lieu de
lui guerir un genou, lui a fait mal aux deux.
C'eft une chofe furprenante que fa beauté &
fa taille qui n'eft pas de la moitié fi groffe
qu'elle étoit, fans que fon teint, ni fes
yeux, ni fes lévres en foient moins bien.
Elle étoit toute habillée de points de
France, coëffée de mille boucles ; les deux
des tempes lui tomboient fort bas fur les
deux joües ; des rubans noirs fur la tête,
des perles de la Maréchale de l'Hopital
embellies de boucles & de pandeloques
de diamans de la dernière beauté ; trois
ou quatre poinçons, boëte, point de coëf-
fe, en un mot une triomphante beauté à
faire admirer à tous les Ambaffadeurs.
Vous ne fçauriez croire de quelle beauté
eft la Cour. Cette agréable confufion fans

confusion, de tout ce qu'il y a de plus
choisi, dure jusqu'à six heures depuis trois.
S'il vient des Couriers, le Roi se retire pour
lire les lettres, & puis revient. Il y a
toûjours quelque musique qu'il écoute, &
qui fait un très bon effet. Il cause avec
celles qui ont accoutumé d'avoir cet honneur. Enfin on quitte le jeu à l'heure que
je vous ai dit. On n'a du tout point de
peine à faire les comptes. Il n'y a point
de jettons, ni de marques. Les poules
sont au moins de cinq, six ou sept cens
Loüis ; les grosses de mille, de douze
cens : on en met d'abord vingt chacun,
c'est cent, &c.

On parle sans cesse, & rien ne demeure sur le cœur. Combien avez-vous de
cœurs ? J'en ai deux, j'en ai trois, j'en
ai un, j'en ai quatre. Il n'en a donc que
trois, que quatre ; & de tout ce caquet
le bon joüeur en est ravi. Il découvre le
jeu, il tire ses conséquences, il voit ce
qu'il y a à faire. Enfin j'étois ravie de voir
cet excès d'habileté. Vraîment c'est bien
lui qui sçait le dessous des cartes, car il
sçait toutes les autres couleurs. A six heures donc on monte en caléche, le Roi,
Madame de Montespan, Monsieur, Madame de Tiange & la bonne d'Hudicourt
sur le transport, c'est-àdire comme en Paradis, ou dans la gloire de Niquée. Vous
sçavez comme ces caléches sont faites.
On ne se regarde point. Ils sont tournés
de même côté. La Reine étoit dans une
autre avec les Princesses, & ensuite tout

le monde atroupé felon fa fantaifie. On
fut fur le canal dans des gondoles. On
y trouve de la mufique. On revient à
dix heures, on trouve la Comédie. Mi-
nuit fonne, on fait *mediâ noce*. Voilà comme fe paffe le Samedi. Nous revînmes
quand on monta en caléche. De vous
dire combien on me parla de vous, combien on me demanda de vos nouvelles,
combien on me fit de queftions fans attendre la réponfe, combien j'en épargnai,
combien on s'en foucioit peu, combien
je m'en fouciois encore moins, vous con-
noîtriez au naturel l'*iniqua corte*. Cependant elle ne fut jamais fi agréable, & l'on
fouhaite fort que cela continuë. M. de
Nevers eft toûjours le plus plaifant Ro-
bin. Sa femme l'aime de paffion. Mademoifelle de Tiange eft plus régulierement
belle que fa fœur. M. du Maine eft in-
comparable; l'efprit qu'il a eft étonnant;
les chofes qu'il dit ne fe peuvent imaginer.

M. le Prince fut voir l'autre jour Madame de la Fayette. Le Prince a *la cui
fpada ogni vittoria*. Le moyen de n'être pas
flattée d'une telle eftime, & d'autant plus
qu'il ne la jette pas à la tête des Dames.
Il attend des nouvelles comme les autres.
Rambure a été tué par un de fes foldats
qui déchargeoit fon moufquet très inno-
cemment. Le fiége d'Aire continuë. L'armée de Schomberg eft en pleine fûreté.
Le petit glorieux n'a pas plus d'affaires que
les autres; il pourra s'ennuyer, mais s'il
a befoin d'une confufion, il faudra qu'il

se la fasse lui-même. Voilà, ma bonne,
d'épouventables détails : ou ils vous en-
nuyeront beaucoup, ou ils vous amuse-
ront. Ils ne peuvent point être indifferens.
Je souhaite que vous soyez dans cette
humeur où vous me dites quelquefois,
mais vous ne voulez pas me parler. Mais
j'admire ma mere qui aimeroit mieux
mourir, que de me dire un seul mot. Oh!
Si vous n'êtes pas contente, ce n'est pas
ma faute, non plus que vous de la mort
de Ruiter. Il y a des endroits dans vos
lettres qui sont divins. Vous trouvez que
ma plume est toûjours taillée pour dire
des merveilles du Grand Maitre. Je ne le
nie pas absolument, mais je croyois de
m'être mocquée de lui en vous disant
l'envie qu'il a de parvenir, & qu'il veut
être Maréchal de France à la rigueur comme du tems passé. Mais c'est que vous
n'en voulez sur ce sujet. Le monde est
bien injuste. Il l'a bien été aussi pour la
Brinvilliers. Jamais tant de crimes n'ont
été traités si doucement. Elle n'a pas eu
la question. On lui faisoit entrevoir une
grace, & si bien entrevoir, qu'elle ne
croyoit point mourir, & dit en montant
sur l'échafaut : C'est donc tout de bon.
Enfin elle est au vent, & son Confesseur
dit que c'est une sainte. M. le premier Président lui avoit choisi ce Docteur comme
une merveille. C'étoit celui qu'on vouloit
qu'elle prît. N'avez-vous point vû ces gens
qui font des tours de carte? ils les mê-
lent incessamment, & vous disent d'en

prendre une telle que vous voudrez, &
qu'ils ne s'en soucient pas. Vous la prenez, vous croyez l'avoir prise, & c'est
justement celle qu'ils veulent. A l'applica-
tion elle est juste. Le Maréchal de Villeroi disoit l'autre jour, Penautier sera ruiné
de cette affaire. Le Maréchal de Grammont répondit, il faudra qu'il supprime
sa table. Voilà bien des épigrammes. Je
suppose que vous sçavez qu'on croit qu'il
y a cent mille écus répandus pour faciliter
toutes choses. L'innocence ne fait guéres
de telles profusions. Rien n'est si plaisant
que tout ce que vous me dites sur cette
horrible femme. Je croi que vous avez
contentement, car il n'est pas possible
qu'elle soit en Paradis. Sa vilaine ame
doit être séparée des autres. Assassiner est
le plus sûr. Nous sommes de votre avis.
C'est une bagatelle, en comparaison d'ê-
tre huit mois à tuer son pere, & à recevoir toutes ses caresses & toutes ses
douceurs, où elle ne répondoit qu'en
doublant toûjours la dose. Adieu ma très
aimable & très aimée, vous me priez de
vous aimer ; ah ! vraiment je le vois bien.
Il ne sera pas dit que je vous refuse quelque chose.

A Livry, 28. Août 1676.

J'En demande pardon à ma chere pa-
trie, mais je voudrois bien que M. de
Schomberg ne trouvât point d'occasion
de se battre. Sa froideur & sa maniére

toute oppofée à M. de Luxembourg me
font craindre auffi un procédé tout diffe-
rent. Je viens d'écrire un billet à Madame de Schomberg pour en apprendre
des nouvelles. C'eſt un mérite que j'ai
apprivoiſé il y a long-tems. Elle aime
Corbinely de paſſion. Jamais ſon bon
eſprit ne s'étoit tourné du côté d'aucune
ſorte de ſcience, de ſorte que cette nou-
veauté qu'elle trouve dans ſon commerce, lui donne auffi un plaiſir tout extraordinaire dans ſa couverſatjon. Au
reſte je lis les figures de la ſainte Ecriture
qui prennent l'affaire dès Adam. J'ai
commencé par cette création du monde
que vous aimez tant, cela conduit jufques après la mort de notre Seigneur;
c'eſt une belle ſuite, l'on y voit tout en
abregé: le ſtile en eſt fort beau, & vient
de bon lieu. Il y a les réflexions des Pe-
res fort bien mêlées. Cette lecture eſt fort
attachante. Pour moi je paſſe bien plus
loin que les Jéſuites, & voyant les reproches d'ingratitude, les punitions hor-
ribles dont Dieu afflige ſon peuple, je
ſuis perſuadée que nous avons notre liberté toute entiere, que par conſéquent
nous ſommes très coupables, & méri-
tons très bien le feu & l'eau dont Dieu
ſe ſert quand il lui plaît. Les Jéſuites n'en
diſent pas encore aſſez; & les autres donnent ſujet de murmurer contre la juſtice
de Dieu, quand il nous ôtent ou affoi-
bliſſent tellement notre liberté, que ce
n'en eſt plus une.

Mécredi à Paris, 30. *Septembre* 1676.

JE mens, il n'eft que Mardi, mais je commence toûjours ma lettre pour faire réponfe aux vôtres, & pour vous parler de Madame de Coulanges, & je l'acheverai demain qui fera éfectivement Mécredi.

Il eft le 14. de Madame de Coulanges. Les Médecins n'en répondent point encore, parce qu'elle a toûjours la fiévre, & que dans les réveries continuelles où elle eft, ils ont raifon de craindre le tranfport.

Le pauvre Amonio n'eft plus à Chelles; il a fallu céder au Vifiteur. Madame eft inconfolable de cet affront, & pour s'en venger elle a défendu toutes les entrées de la maifon, de forte que ma fœur de Briffac, mes niéces de Briffac, ma fœur de la M... ma belle fœur de C... tous les amis, tous les coufins, tous les voifins, tout eft chaffé. Tous les parloirs font fermez. Tous les jours maigres font obfervez. Toutes les matines font chantées fans miféricorde. Mille petits relâchemens font réformez; & quand on fe plaint: hélas! je fais obferver la Régle. Mais vous n'étiez pas fi févére? C'eft que j'avois tort, je m'en repens. Enfin on peut dire qu'Amonio a mis la réforme à Chelles. Cette bagatelle vous auroit divertie; & en vérité quoique vous diffiez fur cela les plus folles chofes du monde, je fuis perfuadée de la fageffe de Madame,

mé, mais c'eſt par cette raiſon que la
choſe en eſt plus ſenſible. Amonio eſt
cependant chez M. de Nevers. Il eſt habillé comme un Prince & bon garçon au
dernier point. Il a veillé cinq ou ſix nuits
Madame de Coulanges, mais ſa barbe
n'oſoit ſe montrer devant celle de M. de
Brayer. Ils m'ont très aſſuré que la vendange de cette année m'auroit empirée,
& que je ſuis trop heureuſe d'en avoir
été détournée. Vous me direz qui vous
avoit parlé de cette vendange. Tout le
monde eſt réſou comme les autres, mais
il s'eſt raviſé, & j'en ſuis bien aiſe.

Tout le monde croit que l'ami n'a plus
d'amour, & que M. de M... eſt emba-
raſſé contre les conſéquences qui ſuivront
le retour des faveurs, & le danger de
n'en plus faire, crainte qu'on en cherche
ailleurs. Outre cela le parti de l'amitié
n'eſt point pris nettement. Tant de beauté encore, & tant d'orgüeil ſe réduiſent
difficilement à la ſeconde place. Les ja-
louſies ſont vives; mais ont-elles jamais
rien empêché ? Il eſt certain qu'il y a eu
des regards, des façons pour la bonne
femme; mais quoique tout ce que vous
dites ſoit parfaitement vrai, elle eſt une
autre, & c'eſt beaucoup. Bien des gens
croyent qu'elle eſt trop bien conſeillée
pour lever l'étendard d'une telle perfi-
die, avec ſi peu d'apparence d'en joüir
long-tems. Elle eſt preciſément en bute
à la fureur de l'autre. Elle ouvriroit le
chemin de l'infidelité, & ne ſerviroit que

G.

comme d'un paſſage pour aller à d'autres
plus jeunes & plus ragoutantes. Voilà mes
réflexions. Chacun regarde, & l'on croit
que le tems découvrira quelque choſe.
Cependant la bonne femme a demandé
le congé de ſon mari, & depuis ſon retour, elle ne paroît ni parée ni autrement
qu'à l'ordinaire.

Il eſt Mécredi au ſoir, la pauvre malade eſt hors d'affaire à moins d'une trahi-
ſon que l'on ne doit pas prévoir.

A Paris, 18. *Novembre* 1676.

JE ſuis ici, ma chere bonne, depuis Dimanche ; j'ai voulu aller à S. Germain
parler à M. Colbert de votre penſion ; j'y
étois très bien accompagnée. M. de S.
Geran, M. d'Acqueville & pluſieurs autres me conſoloient par avance de la grace que j'attendois. Je lui parlai donc de
cette penſion, je touchai un mot des oc-
cupations continuelles & du zéle pour le
ſervice du Roi, un autre mot des extré-
mes dépenſes à quoi l'on étoit obligé,
qui ne permettoient pas de rien négliger
pour les ſoutenir ; que c'étoit avec peine
que M. de Grignan & moi l'importunions
de cette affaire ; tout cela étoit plus court
& mieux rangé ; mais je n'aurai nulle fa-
tigue à vous dire la réponſe. Madame
j'en aurai ſoin, & me ramene à ſa porte,
& voilà qui eſt fait. Je crains fort que
mon voyage ne vous ſoit inutile, mais il
eſt certain que perſonne n'eſt encore payé.

La paix de Pologne est faite, mais romanesquement. Ce Héros à la tête de quinze mille hommes, entouré de deux cens mille, les a forcé l'épée à la main de signer le traité. Il s'étoit campé si avantageusement, que depuis *Calprenade* on n'avoit rien vû de pareil. M. de Beauvais a déja mandé qu'il avoit eu bien de la peine à conclure cette paix. Il souffle, il s'essuye le front comme le Médecin de la Comédie qui avoit eu tant de peine à faire parler cette femme qui n'étoit point muerte. Dieu sçait quelle bavarderie. D'Angeau a voulu donner des présens aussi bien que l'Anglée. Il a commencé la ménagerie de Cluny; il a ramassé pour plus de deux mille écus de toutes les tourterelles les plus passionnées, de toutes les truies les plus grasses, de toutes les vaches les plus pleines, de tous les moutons les plus frisez, de tous les oisons les plus oisons, & fit hier repasser en revûë cet équipage comme celui de Jacob, que vous avez dans votre cabinet à Grignan. Ma chere bonne, je vous remercie de toute la joye que vous me donnez par l'espérance de votre prochain retour, & j'embrasse M. de Grignan de tout mon cœur.

F I N.

www.ingramcontent.com/pod-product-compliance
Lightning Source LLC
LaVergne TN
LVHW052059090426

835512LV00036B/2258